ヒトラー狂気伝説

「ヒトラーとナチスの真相」を究明する会

宝島
SUGOI
文庫

宝島社

はじめに

果たしてナチスは「過去」の遺物なのか……。

昨今、意外なほどナチスやアドルフ・ヒトラーに関する情報を目にする。世界各国の首脳たちは、盛んに「ナチス」や「ヒトラー」というフレーズを使ってライバル国を攻撃する。2014年、前年まで国務長官を務めたヒラリー・クリントンはプーチン大統領を平然とヒトラー呼ばわりしたことがあった。また、2017年6月下旬、米軍の圧力に怯える北朝鮮は、ドナルド・トランプを「ナチスの独裁者ヒトラー」と呼んで口撃している。

2014年のウクライナ紛争では、まるでナチスの武装親衛隊のような民兵組織「スヴォボダ（全ウクライナ連合「自由」）」が暴れ回った。2016年にはドイツ国内で発禁書になっていたヒトラーの『わが闘争』の版権が切れ、詳細な註釈がつけられて再出版された。

日本でも、しばしば安倍晋三政権がナチスやヒトラー呼ばわりされてきた。2

021年の東京オリンピックに絡《から》んで寺の地図マークがハーケンクロイツ（逆鉤《かぎ》十字）に似ているとして禁止する動きもあった。ナチスに関して社会全体が非常にナーバスになっているのだ。

これほど「ナチス」がクローズアップされるのは、世界中で右傾化が進んできたからだろう。フランス大統領選（2017年4月23日・5月7日）では、移民排斥を訴えた極右政党のマリーヌ・ル・ペンにも当選の可能性はあった。トランプにせよ、白人至上主義を主張するキリスト教右派が熱烈に支持していたのだ。日本でも「在特会」のような差別主義者たちが堂々と政治活動をし、一定の支持を集めるまでになっている。

たしかに時代は、「ナチス」に近づいている。

だからこそ、いま、ナチスをよく知る必要がある。

では、ナチスのなにを知るべきなのか。

本書が徹底してこだわったのは「ナチスの狂気」である。狂気に常識は通用しない。歴史的な事実だけではナチスの狂気は捉え切れないのだ。そこで都市伝説やオカルトまで範囲を広げて、多少、信憑性《しんぴょう》の怪しい情報も扱った。狂気を知るには、こちらも常識＝歴史的事実を疑う必要があるからだ。

ゆえにタイトルは『ヒトラー狂気伝説』とした。

本書は、ナチスとヒトラーを礼賛することは決してないが、ことさら糾弾《きゅうだん》したり、否定だけする書き方はしていない。狂った行動に対して言えるのは、ただ「狂っている」であって、善悪の判断は読者に委《ゆだ》ねたいと考えるからである。

ナチスのなにが狂っていたのか。ヒトラーの狂気はなにに由来するのか。その狂気が世界になにをもたらそうとしているのか。ナチスの狂気は本当に終わったのか。

本書を紐解いて読者自身、その目で確認してほしい。

「ヒトラーとナチスの真相」を究明する会

ヒトラー狂気伝説　目次

装丁／妹尾善史（landfish）
本文デザイン＆DTP／武中祐紀
編集／片山恵悟（スノーセブン）

ファシズム独裁、先端科学とオカルトの融合、
ユダヤ人虐殺の優生思想、すべての謎を明かす

ナチスの「異常性」とヒトラーの「狂気」

ナチスの異常性は大きく分けて3つ

私たちは、いまだに「戦後」を生きている。第2次世界大戦後の世界秩序が、いまだに続いている。ヨーロッパでの大戦はアドルフ・ヒトラーが勝手に始めて、ナチス・ドイツが勝手に負けた戦争だった。いわば「戦後」をつくるためにアドルフ・ヒトラーは登場し、ナチス・ドイツが生まれていたのである。

ナチスの由来は、正式名称「国家社会主義ドイツ労働者党（NSDAP）」冒頭の「Nationalsozialistische」の「Nati」（ナツィ）をあえて「Nazi」と綴った蔑称

である。ナチスは、その複数形となり、党全体を意味する。

本書を手に取った読者にかぎらず、誰もがその常軌を逸した行動から「ヒトラーとは何者なのか」「ナチスとはなんなのか」と疑念を抱いたことがあろう。

ヒトラー率いるナチスの異常性は、大きく分けて3つあった。

一つは、ファシズム独裁。次が先端科学とオカルトの融合。最後がユダヤ人虐殺を引き起こしたアーリア人至上主義をうたった優生思想となろう。

ベンジャミン・フルフォード
Benjamin Fulford
ジャーナリスト、ノンフィクション作家。カナダ・オタワ生まれ。1980年に来日。上智大学比較文化学科を経て、カナダのブリティッシュコロンビア大学を卒業。その後、再来日し『日経ウィークリー』、米経済誌『フォーブス』アジア太平洋支局長などを経てフリーに。『ヤクザ・リセッション』(光文社)、『暴かれた9.11疑惑の真相』『トランプ政権を操る[黒い人脈]図鑑』(ともに扶桑社)、『世界「闇の支配者」シン・黒幕 頂上決戦』『世界を操る 闇の支配者2.0 米露中の覇権バトルと黒幕の正体』(ともに宝島社)など著書多数。

国家社会主義と労働者の政党にもかかわらず、なぜナチスはこんな異常な思想を持っていたのか。

私は、ナチスの副総統ルドルフ・ヘスの子孫だと称する人物を取材したことがある。また、別の関係者にも取材してきた。彼らが口を揃えてヘスが「イルミナティ」であったと証言する。イルミナティにも派閥があり、ヘスが属していた一派は、アトランティスの末裔である。自然災害で滅んだ超古代文明の生き残りで、アトランティスの遺産を使い、世界を支配してきた。その根拠地がローマ。イタリア・フリーメイソン、ロッジP2とも呼ばれている。ローマ教をつくり出し、一神教によって世界を動かしてきた「黒いバチカン」。現在のフランシスコ法王ら穏健派の「白いバチカン」とは対立関係にある。黒いバチカンでは、アトランティス人の証明として「黒い太陽」を信仰する。私もミラノの地下神殿で目撃した。「アーク」などの聖遺物はイエス・キリストが由来ではなく、アトランティス文明の遺物であるというのだ。

彼らは残されたアトランティスの技術でローマの皇帝となったらしい。その支配は、自分たちが特別な存在とする「ファッショ」だ。ファッショとは、ファッシ（棒）を束ねるというローマ時代の言葉で、独裁者による強固な支配体制を意味する。宗教は英語でｒｅｌｉｇｉｏｎというが、これも「再び縛ってまとめ上げる」という意味がある。一神教が「迷える子羊」を指導する教義なのも宗教による「ファシズム」とわかるだろう。

ローマは、ローマ皇帝とローマ教を使い、古代世界に理想的な独裁体制を築いたものの、もともと少数勢力。現地人たちとの混血が進み、独裁文明も次第に堕落していった。

それゆえイタリア・フリーメイソン（イルミナティ・ロッジＰ２派）は、世界を再び独裁支配するべく歴史の闇で蠢《うごめ》いていた。その一人が、ルドルフ・ヘスであったのだ。

ファシズムによる独裁支配を目指すイルミナティ・ロッジＰ２派たちは、北欧ゲルマン圏での活動の根拠地としてドイツ騎士団やトゥーレ協会といった秘密結社を持っていた。ここで理想的な独裁者をついに見つける。

——アドルフ・ヒトラー、である。

ヒトラーはイギリス王族ロスチャイルド家の血脈

ヒトラーを選んだ理由は「血脈」が関わってくる。

これは、イギリス王室関係者から聞いた話だ。

ヨーロッパの王族は、19世紀、イギリスのヴィクトリア女王による縁戚関係で、事実上、統一された。イギリスのジョージ5世、ドイツ皇帝のヴィルヘルム2世、ロシア皇帝のニコライ2世は従兄弟関係にある。それが先の王室関係者によると、ヴィクトリア女王は、ロスチャイルド家当主であるネイサン・メイアー・ロスチャイルドの子供を産んで、その子供をイギリス王族として他国の王家に送り込んでいたというのだ。

その一人にアドルフ・ヒトラーがいた。たしかにヒトラーの容貌は、ヴィクトリア系の王族たちにそっくりだ。あまりにも似すぎていて「ちょび髭《ひげ》」を生やしたともいわれている。

いずれにせよ、ヒトラーは、ヴィクトリアの直系かつロスチャイルド家当主の血を引く「プリンス」となる。しかし第1次世界大戦でドイツ帝国のみならずオーストリア・ハンガリー帝国までもが崩壊、悲劇のプリンス「アドルフ」は野に下ることになる。

イルミナティ・ロッジP2派は、〝貴種〟として野に下っていたヒトラーに目をつけ、ヨーロッパに独裁帝国をつくらせようと画策、ヒトラーに支援してきたそのエージェントがルドルフ・ヘスであり、『わが闘争』もヘスのアイディアなのだ。要するに「民主国家」となったヨーロッパ諸国をヒトラーが皇帝となって新たな独裁帝国につくり変える巨大な国際謀略である。かつてドイツとオーストリアにあった神聖ローマ帝国ではなく、ローマも含めた「新生ローマ帝国」の復活である。

そう考えると、ナチスの「謎」、ヒトラーの異常性も理解できよう。

ナチスがファシズム独裁であったのは、そもそもの前提条件となる。ナチスの敬礼は、ローマ皇帝への忠誠を表すポーズ。ムッソリーニのイタリアと同盟を結び、ファシズム独裁で互いに協力したのも当然であったのだ。

次にオカルトと超科学。こちらはアトランティスの古代文明が関わる。ヒトラーが探していたのは、キリストの聖遺物ではなく、アトランティスの遺物なのだ。ハーケンクロイツ（逆鉤《かぎ》十字）をシンボルマークにしたのもアトランティスの遺物を示すマークであり、チベット密教のシャングリラ思想は、アトランティスの理想社会だったともいわれている。ナチスが国家を挙げて南極探査を行ったのも同様にアトランティスの遺跡を求めてのことだ。

ヒトラーは、「混血」が文明を堕落させたと考えてきた。アーリア人という支配者として優秀な人種の復活のみならず、さらに絶対的な支配者らしい「超人」を生み出す。そのためには劣等人種を実験動物にした人体実験が不可欠。これがナチスの優生思想なのである。

神聖ローマ帝国復活を受け入れていた英仏

ナチス・ドイツが誕生するまでの流れは、以下となる。

第１次世界大戦で敗戦国となったドイツ（ワイマール共和国）は、ヴェルサイユ条約の莫大な賠償金で国家自体が「ブラック企業」となった。徹底的に搾《しぼ》り取られて生活が苦しくなれば、当然、ドイツ国民は救世主を求める。それがアドルフ・ヒトラーだ。ヒトラー率いるナチスが政権を奪取するや、欧米諸国は、突如、手のひらを返したようにドイツに甘くなる。１９３３年の賠償金支払い拒否も、２年後の再軍備宣言も許しているぐらいだ。

１９３８年にはオーストリアを併合、同年９月にはチェコスロバキアにズデーテン地方割譲を要求。ズデーテンのみならず、チェコを併合し、スロバキアを属国にする。

では、どうしてナチス・ドイツは滅んだのか。

ナチスの新帝国が誕生した１９３９年、ここでナチス・ドイツの暴走が止まらなくなっていった。はっきり言えば、ヒトラーのナチスは「やりすぎ」たのだ。

当初、イギリスとフランスは、ナチスの存在を容認してきた。これはソ連への対処もあった。ナチス政権にならなければ、ドイツは共産化してソ連に飲み込まれる。欧米資本家の持つ権益がすべてチャラになる。しかもドイツの技術を吸収したソ連とヨーロッパの覇権をかけて戦うことになり、その勝算は低かった。それならば、まだナチス容認のほうがマシであったのだ。また、ナチスの方針自体、この時代の白人の本音でもある。それで多少のことならば受け入れてきたわけだ。ところが調子に乗ったナチスを英仏はコントロールできなくなっていく。それでナチスとヒトラーに軌道修正をさせるため開戦に導く。1939年9月、第2次世界大戦の勃発《ぼっぱつ》である。

ドイツ勝利が確実だったバトル・オブ・ブリテン

それでもヒトラーは、力押しでヨーロッパに「新生ローマ帝国」をつくるべく電撃作戦を決行、ヨーロッパ諸国を蹂躙《じゅうりん》していく。その仕上げにイギリス陥落を目指した。

この戦いで世界史に詳しい人ならば、誰もが疑問となる「謎」があろう。

バトル・オブ・ブリテンである。ドーバー海峡を挟んだ英独の戦いは、明らかにナチス有利だった。レーダー施設や空軍基地、軍需工場を叩き、RAF（イギリス空軍）に対して消耗戦を仕掛け、戦いから一月で勝利を目前としていた。制空権を奪えば、イギリス上陸は難しくない。上陸すれば島国のイギリスに逃げ場はない以上、降伏する。バトル・オブ・ブリテンは、開始からほぼ一月でドイツが「勝って」いたのだ。

ところが、1940年8月31日以降、ドイツは攻撃目標をロンドン空襲に変更して敗北する。ナチスの戦闘機はロンドンを往復するだけの航続距離がなかったからだ。

なぜ、こんな間抜けなことをしたのか。

そこにルドルフ・ヘスが絡んでくるのだ。ヘスは、1941年5月10日、イギリスとの和平交渉のためにロンドンに飛行機で渡ったとされているが、実はヘスがスコットランドを経由してロンドンに渡ったのは1940年8月30日以前だったと、先のヘスの関係者が証言している。ヘスがイギリスに渡ったのは、ある密約のためであった。

ヘスはイギリスの権力者たちに「戦後、アメリカの乗っ取りに協力するならばドイツはイギリス攻撃を中止する」と提案、了承を得た。この密約でイギリス攻撃を中止したヒトラーは、この戦いの本命であるソ連への侵攻を開始した。独ソ戦における敗戦が濃厚になるや、ヒトラーは第2次世界大戦の敗戦を覚悟し、戦後のアメリカ乗っ取りに賭けることにしたのだ。ヒトラーははアメリカを「唯一」の戦勝国として超大国化させ、そのアメリカを裏から支配する計画。言うなれば「ナチス・アメリカ構想」である。

スターリングラードの失敗を境にナチス・ドイツは「負ける」ために戦争を続ける。ヨーロッパの第2次世界大戦は、開戦から3年で事実上、終わっていた。残りの戦いは「ナチス・アメリカ」のためにあった。

ナチスの「異常性」とヒトラーの「狂気」は、ここに起因しているのである。

第1章

ヒトラーとナチスの狂気

史上最悪の殲滅戦「独ソ戦」に隠された陰謀

ヒトラーが生み出した東西冷戦とイスラエルvsアラブの対立

ドイツを敗戦に追い込んだ「独ソ戦」

ナチス・ドイツの敗北は、間違いなく独ソ戦にあった。

1941年の「バルバロッサ作戦」によるソ連侵攻から終戦までの間、ドイツ側は延べ1300万人を動員、死傷者は1000万人。ソ連側は4000万人の軍人・民間人のうち死傷者は最大で3000万人に達したといわれている。第2次世界大戦最大の激戦どころか人類史上最悪の殲滅《せんめつ》戦であったのだ。

これほど被害が甚大なのは、ドイツとの戦力差を考えたソ連が「焦土作戦」を展開したためだ。多数のソ連人民の命を犠牲にしてドイツ軍を内陸深くまで引きずり込んだうえで、「冬将軍」の到来を待ち、文字通り、袋叩きにしたのだ。

もともとドイツは補給線が貧弱だった。しかも線路の軌間が合わず、ソ連内の鉄道が補給線として使えなかった。道路の舗装状態が悪かったこともあり、瞬く間にドイツ軍は飢えと寒さで自滅する。戦うどころか、逃げ出すこともできなかった。

これほどのダメージを受ければ、ノルマンディ上陸作戦がなくともナチス・ドイツに勝ち目はない。バルバロッサ作戦が発動した瞬間、ナチスの敗戦は決まっていたのだ。

独ソ戦に関して残る疑問は、両国の関係がそれまではむしろ、良好だった点にある。1922年にラパッロ条約を結び、ドイツはソ連の協力を得て軍事開発を行っていた。大戦初期のナチス・ドイツはソ連と共同開発した兵器を装備し、基本戦術も似ていた。ある意味、独ソは兄弟軍といえた。この関係があったからこそ1939年の独ソ不可侵条約へと結びついたのだ。

歴史に「もし」はないとはいえ、独ソ戦がなければ、ドイツ・ナチスは戦力の大半を西部戦線とアフリカ戦線に振り分け、有利に戦えたのは間違いない。エジプトのスエズ運河を押さえ、ソ連と共同で中東全域の資源地帯を支配できた可能性も高い。そうなればアメリカが全面参戦しようが「負け」はなくなる。戦後、ナチスは大国として君臨できたかもしれなかったのだ。

では、なぜ、ヒトラーは不可侵条約を一方的に破ってまでソ連に攻め込んだのか。

一般的には「東方生存圏」で説明される。ヒトラーは『わが闘争』で、東欧諸国からロシア西部全域をドイツ、アーリア人の生存圏にする構想を打ち立て、劣等民族であるスラブ人を、その名の由来の通り「スレーブ（奴隷）」にすべきという考えを持っていた。また、スターリンを蛇蝎《だかつ》のごとく毛嫌いし、まったく信用していなかった。ソ連を攻めれば、フランス同様、あっさりと勝利できると確信していたともいう。逆にヒトラーが攻め込まなければ、スターリンがドイツ領に雪崩《なだ》れ込むという懸念も抱いていた。

独ソ戦は「予定通りの行動」だった。これが一般的に考えられている説だ。

冷戦とイスラエル誕生で全面核戦争の脅威が高まる

だが、果たしてそうなのか。

独ソ戦を考えるうえで重要なのは、この戦いの結果、両国がどうなったのか、にある。

独ソ戦によってソ連は3000万人が死傷するという人的被害を受けた。いつの時代も戦争では「流した血の量」によって発言権が大きくなる。だからこそ戦後体制を話し合ったヤルタ会談（1945年2月）でスターリンは、最大の発言力を持っていた。この発言力を振りかざし、ドイツの東半分と東欧諸国をソ連の影響下に置くことを要求した。もちろん、イギリスの首相チャーチルは猛反発する。しかし肝心のアメリカは、あとからしゃしゃり出てナチスの戦利品を漁《あさ》るだけの「火事場泥棒」でしかない。そこはルーズベルト大統領もよくわかっていたのだろう。スターリンの要求をすべて受け入れた。この瞬間、戦後の冷戦体制が確定した。言い換えれば殲滅戦となった独ソ戦がなければ、戦後の冷戦も起こらなかったのだ。

これはユダヤ人のホロコーストにも言えるだろう。

ナチスがユダヤ人を大量虐殺したからこそ、戦後、「イスラエル」が誕生したのだ。普通に考えれば、他国から移住してきて、元からいたパレスチナ人を追い出し、自分の国をつくったわけで、本来ならば成立するような話ではない。それがナチスの大量虐殺によってユダヤ人に対する同情が集まった。それでイスラエルは建国できたというのだ。

当たり前だが、イスラエルの登場で中東には戦火と憎しみの連鎖が生まれることになる。しかもイスラエルは核保有国だ。中東で核兵器が使用されれば、東西冷戦下ならば、まず間違い

1941年6月22日、ナチスは不可侵条約を破ってソ連に電撃侵攻。バルバロッサ（赤ひげ）は12世紀の神聖ローマ皇帝・フリードリヒ1世の異名。帝国の危機に眠りから覚めて繁栄をもたらすと信じられていた

なく全面核戦争へと発展する。イスラエルを引き金にして核戦争が起こるというシナリオは１９８０年代まで、かなり信憑性があったのだ。

東西冷戦とイスラエルとアラブの争い。この２つの対立軸をつくり上げたのは、言うまでもなくヒトラーのナチスである。常識的に考えれば、独ソ戦は両面作戦を要求されるだけに軍事的には下策である。ユダヤ人の迫害と虐殺にせよ、戦時下に余計な人材とコストが取られるだけの戦略的には無意味な行為だろう。それでもヒトラーは敗北を覚悟して強行した。この不条理な行動も、戦後に２大陣営が相争った果てに自滅する、「ハルマゲドン」を目的としていたならば、実に合理的なのも事実であろう。

史上最悪の殲滅戦からも、やはりヒトラーの陰謀が浮かび上がってくるのである。

ホロコーストの悲劇が世界へ伝わり、イスラエル建国が加速した

強制収容所の収容者たちを被験体にした

ナチス狂気の人体実験

取材・文●市川哲

人体実験のためだけに3000人の双子を集め……

メスはドイツ語のメッサー、すなわちナイフの意。カルテはやはりドイツ語でカードを意味する——。日本の医学用語でドイツ語由来の単語が多いのは、明治時代から戦前にかけて積極的にドイツ医学を輸入した頃の名残である。つまりそれだけ当時のドイツ医療が進歩的だったことの証だ。

ナチスはそんなドイツ先端医療技術のさらなる発展を目論んで、狂気の手法を採用した。強制収容所の収容者たちを被験体とした人体実験である。そして、その多くは軍事利用を目的としたものだった。

毒物を兵器として使用した際の効果を計ると同時に、自軍兵士が被害を受けた時の治療法確立を目指し、被験者に直接毒物を投与するなどは当たり前。高高度を飛行するジェット機のパイロットがどのくらいの気圧にまで耐えられるか、海難時に海水を飲料にできるか、寒冷地での低体温症を治癒するための方策は……。

様々な状況を想定し、データ収集のため、収容者たちを拷問を超えた過酷な環境にさらし、それは死に至るまで続けられた。人道的な見地からはとても容認できるはずのない虐待行為だが、こうした実験が現代医学に寄与したとの声も一部にはある。

「たとえば伝染病の感染経路や治癒法を研究するに当たり、現代においては実際に人体を用いた実験などとても許されるものではない。そのときナチス軍政下で行われた様々な実験データが有益であることには違いなく、表立っては言われないものの、戦後の医学研究において、ナチスの実験を下敷きにしたものは少なからずあるのです」（医療ジャーナリスト）

ところが、そうした実験のなかには、いったいなにを目的としたものか到底理解の及ばないものも存在する。

「軍事と関係なさそうな『女性を科学的に不妊状態にするための実験』や『ユダヤ人の頭蓋骨収集』などには、将来的にユダヤをはじめとするナチスの敵性民族を絶滅させるための手法を確立させようという明確な意図がありました。目的がまったくわからないのは、『双子の実験』です」（同前）

アウシュビッツ強制収容所で主任医師を務めたヨーゼフ・メンゲレが主導したこの実験は現代人の感覚からすれば、狂気としか言いようがない。各地の収容所から約1500組3000人の双子を掻《か》き集めたメンゲレは、最初こそ身体的特徴の比較データを取るだけだったが、その後は双子それぞれの手足や性器を切断して互いに移植するなど、次第に猟奇性を帯びたものへと変質していく。そうした実験により亡くなった子供は、1400組2800人以上といわれている。

シャム双生児を人工的につくった

そんななかでも飛び抜けて異様なのが、2人の身体を一つに繋げた、いわゆるシャム双生児を人工的につくるという試みであろう。双子を背中合わせにしてそれぞれの静脈を繋ぎ合わせることで、一つの身体として機能するかを調べようということだったが結果は失敗。

哀れ兄弟は痛みに耐えかねて三日三晩にわたって泣き叫ぶばかり。その姿を見るに見かねた両親の手によって、天に召されることとなったという。

軍事的にも医療的にも意義を見い出せないそんな実験は、いったいなぜ行われたのだろうか。メンゲレのマッドサイエンティスト的気質によるものとの見方もあるが、しかしこうした実験が行われたのはナチスにとって戦局が悪化の一途をたどった１９４４年以降のこと。

一人の医師の個人的興味の実験などを継続的に行うだけの余裕はなかったはずであり、つまりこうした実験もヒトラー総統やナチス党本部の方針を反映したものであったと考えるのが自然であろう。

その時に見えてくるのが、ナチスによる〝人体改造計画〟である。フランケンシュタインのような超人類をつくり上げるため、まずは遺伝子的に近い双子を切り貼りして合体させることを試みたというわけだ。

だが、それにも疑問は残る。筋力、持久力など2人分の能力を持つ肉体を人工的につくり出し、人間兵器として戦場に送り込むという考えがあったとしても、実験を開始したのはドイツ降伏間近のこと。仮にそれが成功したとしても実戦配備にはとても間に合わない。

では軍事でないとすればなにが目的だったのか。

「この実験における究極の目標は不老不死ではなかったか」(ナチス研究家)

身体の各パーツを新しいものと取り換えていくことで、若い肉体のまま生き続ける。たとえ敗戦となってもヒトラーをはじめとするナチス幹部は生き長らえて、いつか復活の時を迎える——。

そんな計画のキーパーソンであったメンゲレは、結局戦後35年にわたり南米各地を転々としながら戦犯追及から逃れ続けた。

「ナチス残党のなかでも格別の待遇を受けていたにちがいなく、それだけ人体改造計画が重要視されていたことの証左だと言えます」(同前)

メンゲレ逃亡先のブラジルのとある村で突如双子の新生児が増加したことなどから、ナチス時代の実験はその後も継続されていたといわれている。

過酷な人体実験の数々で被験体となった強制収容所の囚人たちの多くが死亡。生き残った者たちも心身に負わされた深い傷が癒えることはなく、後遺症に終生さいなまれることとなった

「巨大な虐殺機械の歯車の一つ」となった

ホロコースト実行者たちの本性

取材・文●福田光睦

ホロコーストの中心人物アドルフ・アイヒマン

国家政策の名の下に史上最大規模の民族虐殺が行われたナチス・ドイツの「ホロコースト」。その恐るべき呼び名は、皮肉にもユダヤ教の供犠の一つである丸焼きにされた獣の供物を指す。つまり、ユダヤ人たちは、ナチス・ドイツという第2次世界大戦でヨーロッパ統一を目論んだ全体主義国家への人柱だったのである。そんなユダヤ人大量虐殺の舞台となったドイツ占領下のポーランドの絶滅収容所、アウシュビッツ＝ビルケナウ強制収容所では、110万～150万人もの囚人が虐殺されたとみられている。

そして、その国家犯罪の最前線の中心にいたのが、ナチス親衛隊中佐、アドルフ・アイヒマンという男である。ユダヤ人を絶滅収容所に送る最高責任者として、「2年間で500万人のユダヤ人を運んだ」とのちに自ら語ったことから、〝着々と殺戮を遂行する冷徹なサディスト〟というイメージで語られ、ナチス・ドイツの大罪を象徴する人物であった。

しかし終戦後、世界中の憎悪と好奇の対象となったそのモンスターの姿が、公に披露されることはなかった。なぜなら、アメリカ軍に捕らえられたアイヒマンは、収容所から脱出し、イタリア経由でアルゼンチンに逃亡することに成功したからである。

だが、1960年5月11日、ナチス狩りに燃えるモサド（イスラエル諜報特務庁）の手により、逃亡先のブエノスアイレスで身柄を拘束され、翌年4月11日からエルサレムで始まった「アイヒマン裁判」は世界37カ国でテレビ放映され、ついにその姿を白日の下にさらすこととなった。

ナチスの「歯車」として残虐行為に及んだ「普通」の人々

その容疑は「人道に対する罪」「ユダヤ人に対する犯罪」など15にも及ぶもの。しかし、法廷に現れたアイヒマンは世界が期待するような恐ろしい男ではなく、うだつの上がらない、ごく一般的で小柄な中年男だった。アイヒマンはホロコーストの事実について認めたが、「自らの意志ではなく職業上やらざるをえなかった」と述べ、無罪を主張したのだった。

1961年にその等身大の姿をさらしたアイヒマンは、大きな衝撃を全世界に与える。アメリカの心理学者、スタンレー・ミルグラムもその衝撃を受けた一人であり、彼はその時に抱いたある疑念を実験で証明しようと試みた。「閉鎖的な状況で権威者の指示に従ってしまう人間の心理状況」を実証し、その成果を1963年に発表した。「ミルグラム実験」または「アイヒマンテスト」として知られる実験は、アイヒマンがその公判で語った「自らの意志ではなく職業上やらざるをえなかった」という言葉が、人間にとっては往々にして正しいことが証明されてしまった。

人は条件さえ揃えば、誰でも残虐になれる――ナチス・ドイツによるホロコーストは、人類史上でもっとも嘆くべき虐殺であったが、「アイヒマンテスト」もまた、我々人間の精神の闇を暴く、歴史的な結果となった。

ホロコーストは「耐え難い命令」と述べたヒムラー

「普通の人間」がナチスの一員として残虐行為に走った例は、アイヒマンだけではない。

アイヒマンの所属したナチス・ドイツ親衛隊の全国指導者であり、全ドイツ警察長官、ハインリヒ・ヒムラーは、強制収容所を統括し、ホロコーストの実行者として知られる人物だ。「ゲルマン人種の純粋培養」を唱えるなど、かねてから民族浄化の思想を持っていたとみられているが、ホロコーストは「耐え難い命令」であると述べたこともあり、最終的には労働可能な捕虜については強制労働に回し、強制収容所内での死亡率を下げるように指示していたという。

アウシュビッツ強制収容所の所長としてホロコーストの最前線に立ち会ったル

ドルフ・フェルディナント・ヘスは、ガス室の建設や使用ガスの選定など、あらゆる処刑実務の責任者として携わり、250万人以上を殺したと証言した。その彼も1947年2月の手記において自らを「巨大な虐殺機械の一つの歯車」と表現し「心を持つ一人の人間」であったと書き残している。

また、アウシュビッツ強制収容所主任医官としてホロコーストに携わり、死刑囚と労働囚の選別や捕虜を使用した人体実験の数々で〝死の天使〟の悪名を馳せているヨーゼフ・メンゲレは、3000人の双子の囚人のほとんどを研究の犠牲にしたといわれている。しかし、自身の研究意欲や功名心によるものであり、職務としてのユダヤ人虐殺に関しては最後まで思い悩んでいたとされる。

無論、「ユダヤ人が収容所から出るには（焼却されて）煙突を通っていくしかない」と言った看守〝ベルゼンの野獣〟ヨーゼフ・クラーマーや、「ユダヤ人は人類の壊疽《えそ》性虫垂炎であるがゆえに、私は切除する」と言ったアウシュビッツ強制収容所付の医師、フリッツ・クラインのように断固とした残虐性が伝えられている例もある。

しかし、アイヒマンテストで示されたように、大部分のホロコースト実行者は、自らの凶行に思い悩んでいたのかもしれない。もちろん、それで彼らの罪が許されるわけでは決してないのだが。

“ユダヤ人問題の専門家”といわれたアドルフ・アイヒマンは、その風貌から幼少期にユダヤ人に似ているとからかわれていた

人類最大のポルノとなってしまった

ナチス女性看守の残虐列伝

取材・文●福田光睦

収容者の皮膚をコレクションした〝ブーヘンヴァルトの魔女〟

〝有史以来最大級のジェノサイド（大量虐殺）〟の一つとされるナチス・ドイツによる民族浄化政策「ホロコースト」。そのあまりに大きすぎる衝撃の事実のなかで、いまもって不確かなまま〝尾ひれ〟がついて興味本位に語られるのが、強制収容所の女性看守の残虐行為である。ここでは、信じ難いほどの残虐な伝説を残す女性看守たちを紹介していこう。

まずナチス・ドイツの女看守といって真っ先に挙げられるのが、テューリンゲン地方エッテルベルクにあったブーヘンヴァルト強制収容所所長カール・コッホの妻にして、自身も看守であったイルゼ・コッホの伝説だ。ブーヘンヴァルトは処刑施設ではなかったものの、収容されていた多くの収容者たちは痩せ細り、戦後、そのまま餓死した死体がうず高く積まれていた光景に世界が衝撃を受けた、苛烈な環境下の収容所であった。

そこでイルゼは所長の妻という立場を利用し、多くの収容者たちに拷問や虐待行為をしたことから〝ブーヘンヴァルトの魔女〟と呼ばれ、収容者たちから剝《は》がした皮膚のコレクションを残し、さらにはその皮膚を利用したブックカバーや手袋、ランプシェードまでつくっていたといわれ、猟奇趣味を持つ人物として伝えられている。

さらに、女性収容者たちに犬との獣姦を強要するなど、現代では考えられないような伝説も残っている。イルゼは戦後、アメリカ軍により戦犯として逮捕され終身刑となるも、1949年に恩赦で釈放。しかし、1951年に西ドイツ司法当局により再告発され、終身刑となった。その決定に数々の残虐伝説が関与していたことは想像に難くない。

その16年後の1967年9月1日、イルゼは収監先のアイヒャッハ女性刑務所にて首吊り自殺を遂げた。もはや事の真相を知ることは叶《かな》わなくなったが、その後の調査により、ランプシェードやブックカバーなどの猟奇コレクションの存在は、アメリカ側による創作ではないかという説が現在では主流である。〝皮膚標本のコレクション〟は実在しているが、本当の製作者が誰かはわかっていない。

〝美しき獣〟イルマ・グレーゼのサディスティックな性衝動

イルゼのほかにも、アウシュビッツ強制収容所の収容者管理を担当し、50万人ものユダヤ人収容所の処刑を指示したといわれるマリア・マンデルや、健康体の子供にエヴィパン注射（鎮痛・麻酔薬）を試すなどの人体実験で、86人もの女性収容者を殺害した女医、ヘルタ・オーバーホイザーなど、残虐伝説を残した看守たちが存在する。

なかでも、ナチスの残酷女看守でもっとも有名なのが、悪名高きアウシュビッツ強制収容所に19歳で配属され、女性収容者たちの乳房を鞭《むち》で切り裂いたという残虐伝説を残す〝美しき獣〟ことイルマ・グレーゼである。

別名では〝アウシュビッツのハイエナ〟と呼ばれ、そのサディスティックな勤務ぶりで、連絡主任という上から2番目の階級にまで上り詰めたイルマは、最終的には収容者の死刑決定にまで関わっていたとされる。収容者を殴り蹴るのは日常であり、犬や岩を使った拷問を行い、好きなだけ鞭を振るい女性収容者たちを屈服させていたという。

性的にもイルマの暴力性は発揮され、戦後、ドイツ人女医の証言によれば、ナチス親衛隊員とのセックスを楽しむ一方で、ユダヤ人の女性収容者たちに対する性的虐待や、衆人環視のなかでのレイプ行為を楽しんでいたという。生き残った収容者、オルガ・レンゲルの回想録『5本の煙突』のなかにも、イルマの残虐行為にサディスティックな性衝動があったと書き残されている。

果たして、20歳前後の女性がここまで露骨な暴力性を発揮できるものなのか。

終戦直前にイギリス軍に捕らえられ裁判にかけられたイルマは、収容者を直接銃殺したことは否定したものの、鞭打ちをはじめとしたほかの残虐行為は否定することなく、22歳で絞首刑に処された。最後の言葉は「早くすませて」であったという。冒頭に紹介したイルゼよりも多くの証言者がおり、イルマの残虐行為は、より真実味が感じられなくもない。

女看守といえば、大戦終結から29年後の1974年、戦勝国アメリカがつくった『イルザ ナチ女収容所 悪魔の生体実験』という映画が公開された。本項で紹介した女看守たちを結集させたようなナチスの架空の女収容所所長、イルザの残虐行為がこれでもかと描かれるB級ポルノ映画である。このいかにもやりすぎな作品は、全世界でヒットを飛ばし、多くの続編と類似作品がつくられた。ここまで紹介した残酷女看守の蛮行は、この映画のように戦勝国側からの情報なのだ。

しかしながら、映画のモデルとなった実在の女看守たちは早々にこの世から消え去っている。もはや二度と残虐行為の真相が判明することはないだろうが、強制収容所の残酷女看守たちは〝人類最大のポルノ〟のイメージとして記憶され続けていく。それは死よりもつらい屈辱なのかもしれない。

“ブーヘンヴァルトの魔女”ことイルゼ・コッホ。自殺前の最期の言葉は「死だけが救い」だった

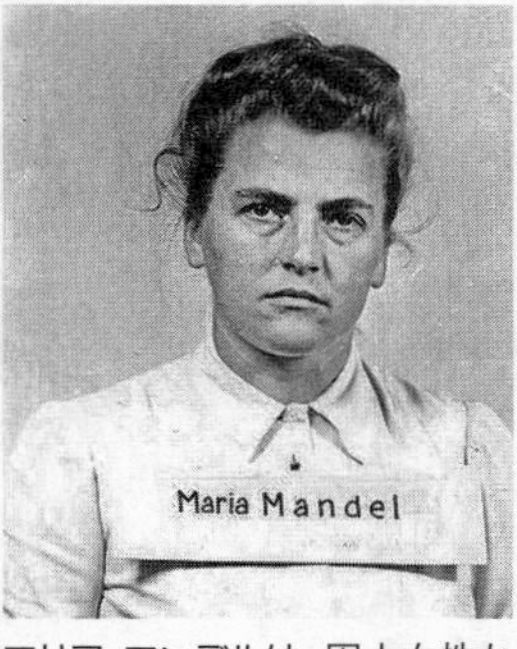

マリア・マンデルは、囚人女性から選んでオーケストラをつくらせ、点呼の時、強制労働の行き帰り、護送列車の離発着、そしてガス室行きを知らせる合図など、あらゆる場面で演奏させた

ETはナチスの科学者、UFOはナチスの兵器という暗号

アイゼンハワーを震え上がらせたヒトラーが仕込んだ「毒」

取材・文●西本頑司

MIC（軍産複合体）はナチス・アメリカの根拠地

ナチス勢力によるアメリカの乗っ取り計画。

この事実に震え上がったのがドワイト・D・アイゼンハワーである。連合軍総司令官としてナチス・ドイツに勝利した偉大な将軍アイゼンハワーは、1953年、第34代アメリカ大統領に就任。1961年の大統領離任式で、この衝撃の事実を国民に警告した。

「第2次世界大戦前までアメリカには軍需産業がまったくなかった。それが現在では350万人が働いている。いまのアメリカは、すべての企業の純収入より多

い軍事予算を費やしている」

その正体をアイゼンハワーは「ＭＩＣ（軍産複合体）」と呼び、つねに警戒を怠らないよう呼びかけた。それも当然であろう。この軍産複合体こそアメリカに潜り込んだナチス勢力がつくり出した「ナチス・アメリカ」の根拠地だからである。

アイゼンハワーがナチスによるアメリカの乗っ取りに気づいたのは、「ロズウェル事件」がきっかけだったといわれている。

一般的にロズウェル事件は、１９４７年、アメリカのニューメキシコ州付近に墜落した「ＵＦＯ」をアメリカ軍が回収、宇宙人（ＥＴ）の遺体を確保したという「都市伝説」でもおなじみだろう。

ところが、ＥＴはナチスの科学者、ＵＦＯはナチスの兵器の暗号だったのだ。

アメリカはナチスの「戦利品」を求めて、積極的にナチスの科学者や関係者を極秘で入国させてきた。本来ならば、彼らの多くは「戦犯」として裁かれなければならない。それを隠している以上、「地球外生物（ＥＴ）」と呼ぶのもありえない話ではなく、そのＥＴがつくったナチスの新兵器をＵＦＯと呼ぶのも頷《うなず》けよう。

UFOは、もともと「未確認飛行物体」という軍事用語。軍が新開発した兵器という意味も含まれているからだ。

アメリカ政府が隠蔽する「機密情報」を扱う「UFOディスクロージャー・プロジェクト（The Disclosure Project）」に、ロズウェル事件などUFO案件を扱った「特殊接近プロジェクト」がある。そこにアメリカ大統領や一部権力者たちはUFOを所有し、ETと接触していたことが暴露されている。ここにアイゼンハワーは、この件に関して「重要な案件で無視されていると憤慨していた」といった内容の記述があるのだ。つまり、アイゼンハワーは、アメリカのナチスの実態について、なにも知らされていなかったことがわかるだろう。

ヒトラーが撒き餌のように準備した「データ」

アイゼンハワーは戦時中、連合軍の総司令官として、ロケット技術を筆頭に、数々のナチスの「遺産」の確保に深く関与していた。にもかかわらず、戦後は蚊帳の外に置かれていたわけだ。

アイゼンハワーは、米軍のトップから大統領にまで上り詰め、まさに位人臣《くらいじんしん》を極めたアメリカンドリームの体現者である。そのアイゼンハワーにすら「ナチス」の実態は隠蔽されていたのである。

ここにナチス、いや、ヒトラーがアメリカに仕込んだ「毒」のすさまじさがあろう。ヒトラーが撒き餌のように準備した「データ」にアメリカの軍や政財界はダボハゼのように食らいついた。そのデータは、文字通り、人の命を犠牲にしてつくられている。アウシュビッツなどの収容所で繰り返された化学兵器や人体実験のデータ、新兵器の戦場での有用性のデータ、それらは、すべて非人道的な手段によって得られたものなのだ。

アメリカの企業や米軍が、これらを利用し、金儲けをすれば、ナチスと同罪となる。いったん、共犯関係になれば、ナチスの犯罪行為にも加担せざるをえない。戦時中、ナチスが行っていた数々の犯罪行為が、戦後、アメリカに舞台を替えて継続して行われていた可能性は、すこぶる高いのである。

それを証明するかのように戦後のアメリカは実にナチス的になった。たとえば多数の奇形児を生み出すことになったベトナム戦争（1955～1975年）の枯れ葉剤作戦、CIAによる薬物や手術による洗脳実験「MKウルトラ計画」（1950年代）、わざと現地住民たちを被曝させ、その実験データを得たビキニ環礁の核実験「プロジェクト4・1」（1954年）など、ナチスが乗り移ったかのような非人道的な実験を繰り返しているのだ。

これらの作戦時、アイゼンハワーは大統領の要職にあった。おそらくなにも知らされず、あとで知って激怒、離任式で無念の思いをぶちまけたのだろう。

残念ながらアイゼンハワーの警告は無視され、アメリカは、その後も「ナチス度」を高めていく。そう、ヒトラーの計画通りに……。

アイゼンハワー。連合軍最高指令官から戦後、共和党から米大統領に出馬、圧勝した

劣等遺伝子排除の「T4作戦」と超人量産の「アーリア人牧場」

人類を家畜のように品種改良
ヒトラー狂気の「優生政策」

取材・文●西本頑司

ニーチェの妹が補強したヒトラーの「優生思想」

ナチスの狂気は、アーリア人至上主義を謳う「優生思想」にある。

ナチスはこの思想に従い、ゲルマン民族の歴史や文化、肉体の素晴らしさを喧伝し「優秀」であると持ち上げた。さらに、ヒトラーは、アーリア人こそ人類でもっとも「進化」した「新人類」であり、人を超えた「超人」だからこそアーリア人が人類の指導者として君臨すべきなのだ、と考えていた。

この発想を補強したのが、ドイツが誇る哲学者ニーチェの妹エリーザベト・ニーチェである。エリーザベトはパラグアイにアーリア人の理想郷として「新ゲルマニア」という入植地をつくるような生粋の優生思想家だった。

ヒトラーがドイツ政界に登場するや、すぐさま接近し、「神は人の進化を望んでいます。それが超人です。これが兄の真意なのです」と、兄の思想を曲解して伝えた。ヒトラーはニーチェの著作は読んでいなかったが、それでも主著『ツァラトゥストラはかく語りき』で述べた「神は死んだ」と「超人」というフレーズは知っていた。偉大な哲人が自分と同じ考えを持っていると信じ込んだヒトラーは、大喜びしてアーリア人を進化させるべく行動に移していくことになったわけだ。

「超人」を生み出すため人間を動物のように「品種改良」

ヒトラーが手始めに行ったのはアーリア人の「品種改良」だった。この実務を担ったのがヴァルター・ダレである。南米アルゼンチン出身の農学者であり、ナチス政権で食糧農業大臣に就任。ダレは畜産学のスペシャリストで、人間もまた、牛や馬のように「選択的品種改良」を施し優れた種をつくり出す一方で、使役動物化した種を使えば「奴隷制度の確立」ができると提唱した。

そんな彼の著書『血と土』は『わが闘争』と並ぶナチスのバイブルとなる。

こうしてナチスはアーリア人の「進化」を目的とした、悪名高き「T4作戦」を展開することとなる。ドイツ国内から劣等な遺伝子を排除すべく、1939年から1941年8月までに約7万人の障がい者がナチスによって「生きるに値しない」と〝間引き〟された。その一方でアーリア系の特徴を持つ男女を「新貴族」として交配を進める。これが「アーリア人牧場」となり、「レーベンスボルン計画」による交配で4万人が「生産」された。さらにダレは劣等民族の家畜化も計画。ソ連占領後はスラブ人を「スレーブ(奴隷)」にして使役動物にする予定であった。

日本でも1943年、厚生省は「大和民族を中核とする世界政策の検討」というレポートをまとめている。実はこれは前述のダレの『血と土』をベースとして書かれたもの。日本も、ナチスのこのような優生政策の導入を考えていたとは、恐ろしい話だ。

ハルマゲドンのあとの「千年王国」こそ真の「ナチス第三帝国」

だが、ヒトラーの狂気は、「品種改良」程度で収まるものではなかった。

ダーウィンに心酔していたヒトラーは種の進化には「突然変異」が不可欠だと考えていた。品種改良では、種は進化しない。ドイツが誇るシェパードとオオカミは、どれほど似ていても遺伝子レベルでは別の種となる。むしろシェパードはまったく似ていないチワワの仲間なのだ。

突然変異は、強いストレスがかかったときに起きやすい。そこで強制収容所に集めたユダヤ人や捕虜を使って数々の人体実験を繰り返した。遺伝子操作を試みたわけだ。

そしてヒトラーの狂気は「最終戦争」にまでたどり着く。種の進化を促すもっとも確実な方法として全面核戦争を起こそうと考えたのだ。

――ラグナロク、である。

ゲルマン神話には、神々の黄昏「ラグナロク」という最終戦争の伝説があった。そこに描かれた終末は「究極の火」によってすべてが焼き尽くされ、世界が滅ぶというもの。この神話をヒトラーは新約聖書の『ヨハネの黙示録』と結びつけた。ヒトラーは何度も演説で「千年の長きにわたって帝国を築く」と語っている。つまり黙示録の語る「最終戦争（ハルマゲドン）」のあとに訪れる「千年王国」こそ、真の「ナチス第三帝国」であると考えていたようなのだ。

もちろん、「第三帝国」に君臨するのは最終戦争を生き抜いた純血アーリア人。そのアーリア人こそ、最終戦争によって人を超えて進化した「超人」であるというわけだ。その進化を促すためにヒトラーはダレを使って徹底的な品種改良を行っていたわけだ。

さらにヒトラーは、密《ひそ》かに品種改良を施した優秀なアーリア人たちを極秘で国外に逃していたといわれている。エリーザベト・ニーチェの「新ゲルマニア」があったパラグアイなどの南米もそうだが、一説には1938年にナチスの探索隊が送り込まれた南極にも秘密基地があったとされる。

ヒトラーが語ったとされる言葉が残っている。

「ラグナロクだよ。神々の黄昏だ。神々と世界は、かつてそうであったように、やがて人類とともに壮絶な炎のなかに滅び去る。一切が終わるのだ。だが、一切が終わったあと、一切が再び新しく始まる。その日のことを、君たちは思い浮かべたことがあるかね」

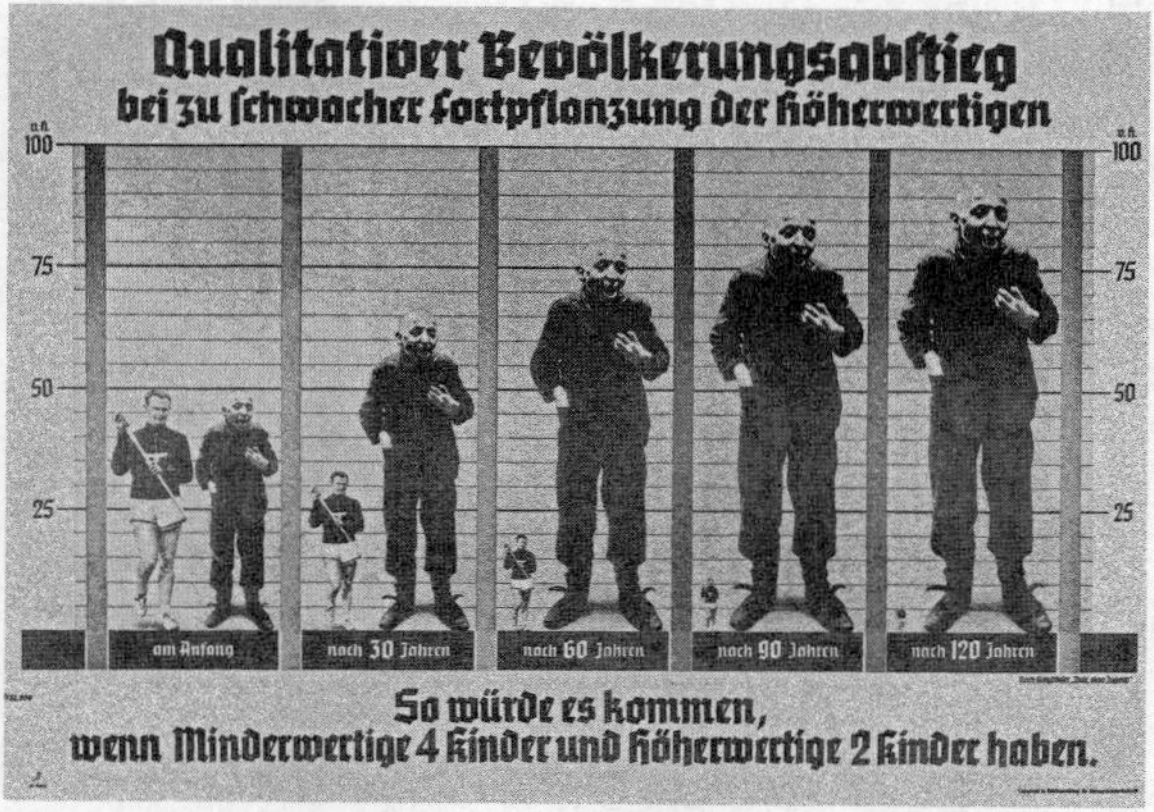

ナチスは人間を「品種改良」すべく、劣等な遺伝子を排除したうえで優性遺伝子同士をかけ合わせることを考えた。写真は高身長の遺伝子同士を交配し続けた場合の予想図

ユダヤ人虐殺の正当化に繋がった危険思想

ナチス「優生思想」を生んだダーウィンの「進化論」

取材・文●西本頑司

「優生思想」の母体となったダーウィンの「自然選択説」

なぜ、当時のドイツ人はナチスに心酔したのか？　現代に生きる私たちは、思わず、そう考えてしまうだろう。だが、ナチス以上に狂気を抱えていたのは、当時のドイツそのものだった。ナチスがドイツを狂わせたのではなく、狂ったドイツがナチスを生み出してしまったのだ。では、なぜドイツは狂ってしまったのか。

それを理解するには、ヒトラーも心酔していたチャールズ・ダーウィンの進化論について知る必要がある。1859年の著書『種の起源』においてダーウィンは進化論を説いたが、そこで彼は〝自然選択説〟を提唱。これは、厳しい生存競争による淘汰で、もっとも環境に適応した種が自然に選択されるという説だ。このダーウィンの進化論は、すぐさま、この理論を国家や民族に当てはめた社会ダーウィニズムへと「進化」する。これが「社会進化論」である。これが、ナチスの思想の一つである「優生思想」の母体となっているのだ。さらに、ダーウィンの説がこれほど社会に大きな影響を与えることになったのには理由がある。ダーウィンの進化論は生物学ではなく、トマス・ロバート・マルサスが1798年に発表した『人口論』という経済学の著作がベースとなっているからなのだ。

マルサスは『人口論』で、社会が発展すれば増大した人口を支えるだけの資源がなくなり、そのためになんらかの手段で人口を調整する必要が出てくると指摘した。この考え方は、19世紀のヨーロッパでは非常にリアルだった。産業革命が起き、欧州各国が資源を漁り尽くした結果、環境が悪化しており、極端な話、人口の半分を「間引き」しなければ全滅の危機に瀕していたのだ。

それでも欧州各国が生き長らえたのは、戦争が起こったことに加え、この時代、すでに海外の植民地があったからだ。積極的な移民政策と植民地からの資源の収奪で増えすぎたヨーロッパの人口を支えることができたというわけだ。

しかし、20世紀になって事態は悪化した。当時の技術水準では植民地からの収奪には限界があり、欧州各国は「生存圏」をかけて戦争をせざるをえなくなったのだ。これが第1次世界大戦である。

開戦のきっかけは、それまでの戦争のように、王族や権力者の「縄張り争い」だった。それが世界に広がり、毒ガスや戦車などの最新兵器が投入される消耗戦が繰り広げられた結果、ヨーロッパ中が荒廃。その引き換えとして、大戦後、敗れたドイツ帝国やハプスブルク帝国は解体され、民族をベースとする「国民国家」が生まれた。ドイツには民主国家ワイマール共和国が誕生した。

しかし、民主主義は手に入れたものの、ドイツ民族の生存圏は大幅に縮小され、その生殺与奪は戦勝国に握られてしまった。

「劣った民族」の烙印を押された敗戦国ワイマール共和国＝ドイツ

実は、社会ダーウィニズムは第1次世界大戦当時には欧州全土に定着しており、その価値観は欧米列強の基本概念にまでなっていた。欧米列強の植民地支配と生存圏拡大のための行為は、どんなきれいごとを並べようが「略奪」と「虐殺」であったが、そこにダーウィンの「進化論」を引き合いに出すことで、「自然淘汰」としてこれを正当化したのだ。侵略されるのは劣等な民族ゆえ、そして劣った文化しかなかったから過酷な生存競争によって「間引かれる」という思想だ。逆に「進化」した列強は、より繁栄することを許される。当時の欧米人がダーウィニズムに大喜びで飛びついたのも無理はあるまい。

ところが、この価値観を第1次世界大戦後のヨーロッパに当てはめた場合、どうなるのか。敗戦国は、劣った民族の国家となり、間引かれようが、ヨーロッパから追い出されようが、仕方ないということになる。その価値観に毒されていたのが、敗戦国となったワイマール共和国のドイツだった。ワイマール政府が戦勝国に卑屈なほど恭順し、退廃的となってしまったのは、そのためなのである。これがヒトラーの登場する前夜のドイツの実情であった。

さて、そんな自暴自棄に陥ったドイツ人に、こう語りかけたらどうなるのか。

「ドイツ人こそ世界でもっとも優れた民族である！」「先の大戦で敗北したのはドイツ人とドイツ国家が劣っていたのではなく、その内部にユダヤ人という裏切り者がいたからである！」「ドイツ人は世界を統一して支配する権利がある！」

第1次世界大戦に敗北したドイツ人は、このヒトラーの演説に心酔した。

ヒトラーの主張を受け入れるならば、ドイツ人は自らの力をもって自国の「優秀さ」を証明しなければならない。しかし、当時のドイツはヴェルサイユ条約によって疲弊しており、すぐに国力を回復させるのは難しかった。優秀の証明でもっとも簡単なのは「劣等」の認定。すなわち自分より劣った者をつくり出すことだ。だからこそヒトラーは障がい者、働けない老人を「劣った遺伝子」として排除、ユダヤ人だけでなく、自分たちより劣った民族や国家を認定し続けていった。そうすることをドイツ社会が求めていたからなのだ。

現代のアメリカでは4割がダーウィンの進化論を否定している。しかも科学者、遺伝学者に多いという。ある意味、健全なことかもしれない。

「近親交配」で優秀な人材を輩出「知のサラブレッド」一族

進化論を唱えたダーウィン。優生学の創始者フランシス・ゴルトン。進化論を擁護したトマス・ヘンリー・ハクスリー。

彼らはいずれも大英帝国を代表する「知の巨人」たちだが、実はダーウィン家、ゴルドン家、ハクスリー家は婚姻関係を繰り返し、事実上、同じ一族なのだ。彼らの一族は自らを大英帝国の頭脳であると自負している。それゆえに劣った頭脳が生まれないよう、同じ一族同士で交配してきた。彼らは「インブリード（近接交配）」により優秀な個体を輩出し続ける、〝知のサラブレッド〟なのだ。ゆえに近親婚を行い、それで障がい者が出た場合、こっそりと間引いていたともいう。

本来、ダーウィンの進化論はキリスト教と相反するだけに欧米社会で受け入れられにくい面があった。それが白人エリート層に支持されたのは、ダーウィンが「知のサラブレッド」という「進化」を自ら証明してみせたからなのである。

アーリア人を増やし世界を支配する目的を持った

ナチス政権下のヌード写真集

取材・文●山野千佳

自慰による「精子の無駄」を防ぐため、遠回しな刺激に

ナチス政権下のドイツでは、多数のヌード写真集が発売されていた。とはいえ、一般的なヌード写真のイメージといえば、エロティックで読者の性欲を刺激するようなものを指すが、ナチス政権下のそれは少し違う。

湖のほとりや砂浜など、極めて爽やかな景色をバックに、筋骨隆々の男性や、引き締まった身体の女性が、全裸で健全なエクササイズに励んでいるのである。エロスというより、もはや芸術だ。

「1933年に『肉体訓練同盟』の機関誌『ドイツ裸体文化』の刊行が認められ

て以降、いくつかの雑誌でヌード写真が掲載されるようになりましたが、その目的はあくまでもアーリア人（その最上位はゲルマン民族）賛美にありました。『母なる大地の美しさと、肉体的にも優秀なアーリア人の融合』を表現したかったわけです。表向きには、見る者の欲望を掻き立てるつもりは、一切ありませんでした」（ナチス文化専門家）

芸術面に重きを置いていた証拠に、ベルリンオリンピックの記録映画『オリンピア』で有名な女性映画監督、レニ・リーフェンシュタールが撮影したヌード写真も存在したというが、その一方で、ナチス政権は若者たちの欲望を掻《か》き立てる必要性にも迫られていた。

ヒトラーは著書『わが闘争』のなかで早期結婚を推奨し、この世に一人でも多くの健全なアーリア人を増やすことの重要性を説いている。まさに「産めよ、増やせよ」だ。アーリア人を増やすためなら、売春宿の規制を緩め、キリスト教の倫理に反する未婚の母や私生児にも寛容であったとされている。

「子供さえできれば、それは『健全な欲望』というわけです。反対に、子供が産めない同性愛者には非常に厳しい措置が取られました。男性の場合、自慰行為は『精子の無駄』とされ、ナチスはよく思っていなかったのです」（同前）

ここに、ある種の矛盾が生まれる。人口増加のためには、若者を少しでも「その気」にさせたいところだが、「その気」にさせすぎると、自慰行為で精子を浪費されかねない。

「芸術的なヌード写真集は、苦肉の策でした。卑猥で煽情的な写真を一国家が大々的に広めるのは、外聞も悪いですからね。表向きは、あくまでもアーリア人の素晴らしさを宣伝する体《てい》を装い、実際は、当のアーリア人たちの性欲を遠回しに刺激していたのです」（同前）

このような文化統制を取り仕切っていたのが、宣伝相のヨーゼフ・ゲッペルスであり、彼が稀代の女好きとして有名な点を考えても、健全なヌード写真の裏に性的な意図が潜んでいたのは間違いないといえよう。優秀なアーリア人を増やし、世界を支配するという壮大なナチスの野望は、庶民の密《ひそ》かな楽しみである性生活にまで入り込んでいたようだ。

しかし、現実には、この「健全なヌード写真作戦」が、大きな成果を上げたという記録はどこにもなく、ドイツ人の人口も目に見えて増加することはなかった。どうやら、作戦は的外れだったらしい。

ドイツの大自然とアーリア人女性のコラボレーション。あくまでも「芸術作品」というスタンスを崩さない

国家支配のツールに禁煙を利用

禁煙運動の美名に隠されたヒトラーの陰謀

取材・文●市川哲

禁煙とファシズムの知られざる関係

受動喫煙防止対策が叫ばれる昨今、2017年には家庭内での喫煙までも制限する「子どもを受動喫煙から守る条例」が、小池百合子都知事率いる都民ファーストの会を中心に東京都議会に提出され、可決、成立した。これに対し、喫煙者を抑圧する「禁煙ファシズムだ」との批判も出ている。

こうした声を、愛煙家のたわごとと思うなかれ。禁煙運動とファシズムの親和性はたしかにある。なにを隠そう、「喫煙による健康被害」を理由とした行政主導の禁煙運動を実行したのが、まさに〝独裁者〟アドルフ・ヒトラーなのだ。

「タバコ広告の制限」「新聞社説や健康雑誌上で喫煙の悪影響を特集」「タバコによる健康被害の啓発ポスターの掲示」「タバコ税アップ」――いまや先進国では当たり前の禁煙対策が、世界で最初に行われたのはナチス政権下でのことだった。

酒もタバコも嗜まない菜食主義の禁欲者として知られるヒトラーだが、もともとは1日40本の紙巻きタバコを吸うヘビースモーカーだったという。

それがある時から「金の無駄遣いだ」と禁煙を決意。喫煙の起源がアメリカ大陸であることを根拠にして「インディアンがアメリカ大陸に酒を持ち込んだ白人への仕返しのために喫煙という悪習を広めた」との自説を唱えるようにまでなった。

そんなヒトラーのバックアップもあってナチス政権下のドイツにおいて、「喫煙による健康被害」の研究が飛躍的に発展。タバコと肺がんの関係が世界で初めて公式に発表された。

「ただしこの時の肺がん罹患者の調査は、当時増加の一途だった粉塵や車の排気ガス、工場からの汚染物質が原因と思われる所見が多々あったにもかかわらず、

そのことには一切触れなかった。ことさらタバコの被害だけを強調したという面はあったようです」（医療ジャーナリスト）

「国益拡大」と「人民支配」がナチス禁煙運動の最大目的

「タバコ＝悪」のイメージを広げようとした裏には、もちろんヒトラー自身の嫌煙感情もあったし、産業振興のため、公害の責任をタバコに押しつけようとの意図もあっただろうが、最大の目的は別にあった。

喫煙による国民の健康被害を憂慮するというのはあくまでもタテマエのこと。その真の狙いは国益拡大と人民支配だったのだ。禁煙によってもたらされる成果としてナチスが想定したのは大きく3つである。

第1に、軍事及び産業の効率化だ。まず喫煙に取られる時間を排除することができれば、単純にその分の仕事がはかどることになる。また当時ドイツ国内で増加していた心筋梗塞もその原因がタバコにあるとみられていたことから、そうした疾病《しっぺい》を減らすことは兵士や労働者の欠員を防ぐことに直結するとも考えられていた。

第2に、出産のリスク軽減。妊婦の喫煙が死産や流産のリスク上昇を伴うことは現在常識とされているが、これをいち早く言い出したのがナチスであった。戦時下で「産めよ、増やせよ」と出産が奨励されたのは日本もドイツも同じこと。将来の兵士となるべき新生児を増やすためにも、女性へのタバコ製品の販売や配給を制限するなどの具体的政策が採られることとなった。

また、それに伴い「ドイツの女性はタバコを吸わない」「喫煙女性は母や妻として家庭に入るのにふさわしくない」などのスローガンも掲げられた。ヒトラーの主導により市街地のバスや電車内での喫煙を違法としたのも女性乗客の受動喫煙防止のためであり、その危険性を世界に先駆けて唱えたのがやはりナチスだった。

そして第3に、人種差別政策への適用である。喫煙習慣は民衆の堕落を招くものであり、また「タバコの成分は偉大なるゲルマン民族の遺伝子を傷つける害毒」というのがナチスの主張。そんなタバコ産業を牛耳って、ドイツに持ち込んだのがユダヤ人であるという根拠の薄い理屈を並べ立てることで、ユダヤ人迫害の理由の一つとした。

そうして法律で国民全体の喫煙を制限しながらも、一方でヒトラーユーゲント（青少年団）のメンバーや前線の兵士に対しては喫煙有資格者としてタバコの支給を行い、ユダヤ人や戦争捕虜にはその入手を認めないというような二重基準を設けたりもしている。

「ヒトラーに近い人物たち、敗戦直前に妻となったエヴァ・ブラウンや最側近のマルティン・ボルマン、ヒトラーの後継者といわれたヘルマン・ゲーリングらは喫煙者であり、これに対してヒトラーは禁煙を勧めはしたものの、強硬にやめさせようとまではしなかった。そうした事実を見れば決して個人的な性向だけで禁煙運動を推進したわけではなく、国家支配のツールとして綿密な計算がなされてのことであったと考えられます」（ナチス研究家）

禁煙運動の〝美名〟に隠されたヒトラーの陰謀を、現代の私たちも忘れてはならない。

世界で初めて政治主導による国家的禁煙運動を行ったのがナチス・ドイツであった

日本人も断種作戦の対象に

ナチス残党が企てる劣等民族、貧困層の「間引き」作戦

取材・文●西本頑司

ビル・ゲイツのワクチンに女性を不妊にさせる成分が!?

「いま、世界人口は68億人で90億人に向かっています。もし私たちが新しいワクチンや医療、生殖健康サービス（中絶やパイプカットなど）を本当にうまく使えば、世界人口の10パーセントから15パーセント（10億人程度）は、すぐに減らせます」

この発言の主は、かのマイクロソフト創業者、ビル・ゲイツ。カリフォルニア州ロングビーチTED2010会議での発言だ。ビル・ゲイツは「ビル＆メリンダ・ゲイツ財団」という〝ワクチン接種〟を支援する慈善活動でアフリカを中心に4億人近い子供たちにワクチンを接種してきた。その当人がワクチンを使って

10億人を〝間引く〟ことができると公言していたのだ。

これを世の中に流布させたのが「ミスター都市伝説」こと関暁夫《せきあきお》。出演した『やりすぎコージー』（2012年）で、ビル・ゲイツの推奨するワクチンは、子宮頸《けい》がんワクチンを含めて、すべてに女性を不妊にする成分が混入されていると発言したのだ。日本マイクロソフトは番組に抗議しながらも裁判に訴えなかった。

そこで浮上したのがビル・ゲイツとナチスの相似性である。劣等人種の不妊化と断種はナチスの政策だったからである。

実は現在、「貧困層」の人口調整計画は着々と進んでいる。ミソプロストールという薬をご存じだろうか。胃潰瘍や十二指腸潰瘍などになれば、普通に処方される胃薬だが、妊婦が服用すると子宮が収縮するという副作用がある。この副作用から「飲む中絶薬」として世界中の貧困層に蔓延しているのだ。妊娠初期なら95パーセントの割合で流産、適切な処方で服用すれば妊娠後期でも85パーセントの割合で中絶が可能。しかもお値段は1錠たった1ドル（100円前後）。こんな危険な中絶を行うのは、やはり金銭的に余裕がない貧困層。何度も人工流産をすれば、当たり前だが、不妊になる。つまり、貧困層を合法的に断種することができる。実際、このミソプロストールは、インターネットで検索すれば、いくらでも「入手方法」と「確実な人工流産をさせる服用法」として、びっくりするほど丁寧に紹介されている。

環境ホルモンの影響で男性は「マイクロペニス」に

ビル・ゲイツのワクチンには「不妊化剤」が含まれ、ミソプロストールは、それをかいくぐって妊娠した場合の中絶方法となる。いずれも女性に出産させない方法だが、男性の場合はどうか。こちらは環境ホルモンによる「メス化」が試みられている。

環境ホルモンの定義は様々だが、要するに微量な化学物質のことだ。これを妊婦が摂取すると男性ホルモンの分泌異常が起き、胎内の男児の男性器が退化し「マイクロペニス」となる。これは野生動物でもひんぱんに起こっている現象だ。

ちなみに、環境ホルモンの影響ではないが、実際にマイクロペニスになったのが、サッカー選手のリオネル・メッシだ。貧しいメッシの実家は治療費がなかったが、バルセロナが移籍を条件に医療費負担を申し出たことで、いまでは立派なモノの持ち主になっている。もし「マイクロペニス」のまま放っておけばメッシの遺伝子は途絶していたかも知れない。

それ以上に深刻なのは、「精子過少症」であろう。いわゆる「種なし」一歩手前くらいに精子の数が少なくなり、著しく受精しにくくなる。この精子異常者の数は世界中の男性で8割を超えているという研究調査もあるぐらいなのだ。

この「メス化」環境ホルモンの代表が、ベトナム戦争で使用された「枯れ葉剤（エージェント・オレンジ）」に含まれていた。いわば、ベトナムで壮大な実験を行い、その成果を世界規模でばらまいているのだ。この枯れ葉剤をつくったのが遺伝子組み換え作物の最大手企業「モンサント」だけに、精子異常を起こす遺伝子を組み込んでいるのでは、と噂になった。

2016年には、ドイツの巨大製薬企業「バイエル」が約660億ドル（約6兆8000億円）でモンサントを買収することで両社は合意。バイエルは戦時中、ユダヤ人を虐殺した毒ガスを製造していた会社だ。

もうおわかりだろう。まるで「ナチスの残党」たちが、ヒトラーの意思を継いで劣等民族と貧困層の断種と不妊化という陰謀を密《ひそ》かに進めているかのようである。

そのターゲットには日本人も含まれている。

実際、東日本大震災の際、仁科亜希子《にしなあきこ》・仁美《ひとみ》の親子による子宮頸がんワクチン接種を推奨するAC（公共広告機構）のCMがやたらと流れた。3・11の甚大な被害で、あの当時、日本人は過剰なまでに家族愛が高まっていた。その結果、子宮頸がんワクチン接種率は跳ね上がり、対象者の67パーセントが摂取してしまった。このワクチンは劇薬で若年層が摂取すると薬害を引き起こす可能性があり、不妊化もしやすいといわれている。そもそも子宮頸がん自体、死亡率は低く検診で早期発見ができれば簡単に完治する。それなのに、なぜ、莫大な予算をつけて摂取させる必要があるのか。

一部の富裕層を除いた日本人の大半はナチス残党による〝間引き〟の対象になっているのだろうか。

ヒトラーの主治医だったカール・ブラント博士による「T4作戦」でドイツの障がい者たちは「間引き」の対象となり、「安楽死施設」があった精神病院に送り込まれた

「血友病患者」を間引いた731部隊の残党

「薬害エイズ」事件に隠されたナチス残党の陰謀

取材・文●西本頑司

エイズ患者を含む受刑者の血液を使用

1980年代に起きた1800人の血友病患者がエイズに感染した「薬害エイズ事件」。その裏にもナチス残党による陰謀が存在したといわれる。

1997年1月19日、NHKは薬害エイズの真相を探った『NHKスペシャル汚染血液は海を渡った』を放送した。そこで衝撃的な事実が判明した。血友病の治療に使われた血液製剤用の血液は、アメリカ国内の刑務所の、エイズ患者を含む受刑者の血を使用していたというのだ。1980年代はエイズ蔓延の初期段階で、キャリア（感染者）はアメリカでも数万人しかいなかった。普通に血液を集めていれば汚染される確率はすこぶる低い。それが5000人の血友病患者に対して1800人という3割を超える確率になったのは、わざと汚染されている血液を集めていたとしか考えられない。

薬害エイズ事件を引き起こした旧ミドリ十字は旧日本軍の731部隊の残党がつくった会社である。生物兵器の研究のため人体実験を繰り返した731部隊はナチスの影響を強く受けており、戦時中の1943年には、厚生省主導の「大和民族を中核とする世界政策の検討」にも深く関与していた。つまり血友病という劣等遺伝子を偉大なる大和民族から排除するという陰謀に加担したともいえる。

薬害エイズ患者は「間引き」対象になっただけではない。実験動物にもされていた。エイズの治療薬をつくるには、感染して発症するまでのプロセスを知る必要がある。しかし、発症するまで当人は感染に気づくことはない。ところが血友病患者は違う。非加熱血液製剤は、もともと肝炎の感染リスクが高く、患者は定期的に病院で血液検査を行う。エイズに汚染された血液製剤を使用することを知っていれば、罹患から発症までのプロセスのデータを確実に入手できるのだ。しかもサンプルは1800人で、老若男女揃っている。

その証拠に薬害エイズ事件が発覚後の1990年代頃、突如、エイズの治療薬が相次いで開発された。偶然というにはあまりにもできすぎだろう。

このエイズに汚染した血液製剤を輸入販売していた会社の一つが「カッター・ジャパン」。このカッター社、実はドイツの巨大製薬企業「バイエル」に1988年に吸収合併されていたのだ。

「バイエル」は、代表的なナチス企業「IGファルベン」の製薬部門が戦後独立してできた会社である。

2006年、ミツバチの大量死が騒ぎになった。全米でミツバチの実に36パーセントが消えた。この影響で生態系が破壊され、食糧生産は落ち込み、さらにバイオエタノールブームも手伝い、穀物価格が急上昇。主食である小麦の価格も2倍から3倍へと跳ね上がったのだ。

その結果、起こったのが「アラブの春」である。チュニジアやエジプトの動乱は民主化でもなんでもなく、食糧を買えなくなった民衆の「米騒動（小麦だが）」

であったのだ。

このミツバチ大量死の原因にも「バイエル」は関わっている。大量死の原因であるCCD（蜂群崩壊症候群）は、2003年の時点で「ネオニコチノイド系」の農薬が原因であるとEPA（アメリカ環境保護庁）も認めている。バイエル製のネオニコチノイド系の農薬は、シュッと一吹きで何時間も効果が出る殺虫剤で、非常に強力。農場で、この強力な殺虫剤をばらまけば、ミツバチがいなくなるのも当然だろう。

——ミツバチがいなくなれば、わずか2年足らずで人類は滅ぶだろう。

有名なアインシュタインの「予言」である。

それだけではない。いまや日本人の6人に1人が発症し、「国民病」と呼ばれている花粉症。実は2008年にNHKが放送した『病の起源 第6集 アレルギー』で、「バイエル」が花粉症の特効薬の開発に成功していると取り上げているのだ。

その材料は、なんと「ウンコ」。花粉症は免疫過剰によって起こるアレルギー。

そこで3歳までにウンコの成分を摂取すればアレルギー症状が緩和される。「バイエル」が開発したワクチンを接種すれば、花粉症を発症しなくなるわけだ。しかし「バイエル」はいまだに発売せず、その特許で他社の製造も禁じている。緩和薬やグッズなどの花粉症市場は日本だけでも1500億円、世界では軽く兆単位になる。

特効薬を販売すれば花粉症は撲滅できるが、そんな「飯のタネ」を大手製薬会社が捨てるわけはない、ということだろう。

『NHKスペシャル　汚染血液は海を渡った』は、NHKオンデマンドはおろか、ユーチューブのNHK番組紹介サイト（3分ダイジェスト）でも非公開。NHKアーカイブスの簡単な文字情報だけとなっている。ギャラクシー賞テレビ部門優秀賞の作品がなぜか「封印」されているのだ。虎の尾を踏んだのか。真相は謎のままだ。

1980年代、血友病患者が集団感染した「薬害エイズ」事件。エイズウイルスに汚染された非加熱の血液製剤が原因だった。1800人が感染、600人が亡くなった

モスクワ征服のためナチスが用意した

スターリンの〝影武者〟

取材・文●高江宏孝

スターリンは軍人としては無能の部類に入る男

ナチス・ドイツをヨーロッパの歴史から葬ったのは、東の大国ソビエト連邦の指導者ヨシフ・スターリンと言っても過言ではない。かつて無敗を誇ったドイツ軍も、スターリングラードからの撤退以降は、赤軍の相次ぐ攻勢に持ちこたえることができず、押し寄せる大量の戦車と兵士の前に総崩れとなった。スターリンの軍事的な評価について、軍事研究者はこう語る。

「レーニンの死に前後して巻き起こった政争を勝ち抜いたスターリンは、軍人としては無能の部類に入る男でした。ロシア革命直後に起こったポーランドとの戦争では、スターリンの目論見が外れたことで、赤軍は大損害をこうむっています。また、ソ連が緒戦に敗れたのは、スターリンが〝大粛清〟で優秀な軍人を殺しまくったせいです。したがって当初ナチスには、敵側に居座るこの無能な独裁者を暗殺する必要はなかった」

しかし、ナチスがモスクワ征服を現実的に進め始めた時期、上層部ではある計画が持ち上がった。モスクワを攻略した場合、スターリンは当然、先手を打ってシベリア地方へ疎開しているだろうが、占領後のモスクワ市民の間でソ連共産党の指導力を消滅させるために、スターリンの〝影武者〟を用意し、傀儡《かいらい》にするか、公開処刑するという計画である。

「当時、ドイツの捕虜となったソ連兵は300万人にもなっていました。そのうちの大部分は、露天に放置されるなど劣悪な扱いを受けたため、伝染病などで死亡していますが、スターリンと同じコーカサス地方の出身者だけは、選別されたうえで、別個に集められたといいます。スターリンの影武者をつくるためです」（同前）

ここで問題になるのが、スターリンに関する情報の不確かさである。政敵による暗殺を恐れ、写真に映ることを好まなかったスターリンは、当時からソ連国内で影武者を立てていたという説が有力で、ソ連国内のメディアに掲載されるスターリンの図も、美化して描かれた肖像画が中心だった。

「ナチス・ドイツでは、政府高官から末端の学者に至るまで、〝北欧人種〟を神聖視し、ユダヤ人を邪悪視する一方で、ヨーロッパ辺境のコーカサスやアジアに関しては等閑視しており、知識も皆無に等しかった。そのうち、『スターリンはアジア人』という話が独り歩きして、朝鮮系のソ連兵捕虜に口髭《ひげ》を生やし、スターリンに仕立てようとしていたという説もあります。情報不足による、お粗末な替え玉ですね」（同前）

この影武者計画はソ連侵攻の失敗により日の目を見ることはなかったが、複数つくられたとみられる〝偽スターリン〟たちが、戦後を生き延びることができた可能性は、著しく低いようだ。

「捕虜生活から解放された影武者たちは、味方であるはずの赤軍に殺されたでしよう。スターリンの影武者になってナチスに協力したからではなく、単に、敵の捕虜になった者を、当時のソ連はスターリンの意向で積極的に粛清していたからです」（同前）

運命は影武者になった時でなく、捕虜となった時点で決まっていたのだ。

当時のソ連では、指導者スターリンの肖像は盛んに掲げられていたが、当のスターリンは影武者だったという説が有力であり、実際のスターリンの容貌についてはいまだに諸説がある

第1次から第5次まで行われた潜水艦による輸送作戦

海を越えて日本に渡ったナチスが略奪した絵画

取材・文●清水歌川

日独の潜水艦輸送物資に大量の美術品が含まれていた可能性

第2次世界大戦中、ナチス・ドイツによって略奪されたヨーロッパの美術品は、総計65万点以上といわれる。戦後、略奪された美術品の返還をめぐって様々な団体が活動しているが、略奪品の一部が潜水艦によって日本に持ち込まれたという説がある。

「すでに亡くなっている老舗の美術商の古老から聞いた話だけど、戦争中、その古老の先代社長がまだ見習いをしていた頃、オヤジに連れられて海軍省に行き、そこで古美術絵画の鑑定に立ち会ったらしい。秘密厳守を誓わされたが、なんで

もドイツから運ばれたとこっそり聞かされたそうだ」（画廊経営者兼美術評論家）

このような証言もあるが、日本にも美術品が運び込まれていたという話は本当なのだろうか。

ナチスが政権を合法的に獲得したのち、ヒトラーはオーストリアやチェコを併合し、ポーランドに侵攻。1940年には電撃作戦でフランスを占領した。画家だったヒトラーは美術品に対する強い収集意欲を示し、ヨーロッパ各国から美術品を没収・収集した。またナンバー2だったゲーリング国家元帥も、貴族趣味を満足させるために、組織的に美術品をロスチャイルドなどのユダヤ人から略奪した。

「ヒトラーとゲーリングの趣味はそれぞれ違っていて、ともに美術館を建てることを夢見ていました。1941年の12月に真珠湾攻撃で同盟国の日本が参戦しますが、その年の6月に独ソ戦が始まっていて大陸の輸送ルートは使えません。そこで潜水艦を使った物資輸送を行うことになったのです。

日本からはドイツが兵器を製造するのに必要な原材料、ドイツからは最新兵器や軍事技術関係の品が積まれていました。ところが旧軍関係者によれば、積み荷の一部にナチスが略奪した美術品が含まれていたとされています」（軍事研究家）

物資輸送に当たって、ドイツ側は日本の皇族や政府高官にちょっとしたプレゼントを提案したという。ナチスにとっては65万点もの略奪美術品のうち、数百点を日本にプレゼントしても痛くも痒《かゆ》くもない。皇族出身の将官を戴く海軍も、日独連携作戦成功のシンボルとして、美術品を受け取ることに喜んで同意したらしい。実は、日本にプレゼントされた美術品の大半は、明治・大正期にヨーロッパに流出した日本画や江戸時代の浮世絵や屛風絵、中国の水墨画などだった。

「ヒトラーにしてみれば、せっかく収集したヨーロッパの美術品を手放すのは惜しく、途中で撃沈されて失うかもしれません。自分の趣味の範疇《はんちゅう》ではない東洋美術を、返還してやるような気持ちがあったのかもしれない。日本側も当時の国粋主義の風潮のさなか、古美術の返還は国威発揚のためにも歓迎すべきことだったのです」（同前）

独からの物資のなかにはベンツのエンジンも

潜水艦による輸送作戦は第1次から第5次まで行われた。しかし、第2次遣独潜水艦の伊号第8潜水艦を除いて、残りはすべて英米海軍によって沈没または機雷に触れて自沈した。伊号第8潜水艦艦長の内野信二大佐は戦後になって当時を回想し、日本からは酸素魚雷、潜水艦自動牽吊《けんちょう》装置の図面、錫《すず》、天然ゴム、雲母、キニーネなどを提供。ドイツ側からは、ダイムラー・ベンツ製ディーゼルエンジン、電波探知機「メトックス」、エリコン20ミリ機銃などが提供されたと語っている。大型潜水艦である伊8号には、これだけの資材を積んでもなお余裕があった。

当時の海軍事情に詳しい軍事評論家によれば、美術品は絵画ばかりで100点ほど、厳重に包装・梱包されており、艦長以外には中身は知らされていなかったようだ。呉で陸揚げされた絵画は東京の海軍省に運ばれ、冒頭の古老の先代や、数人の画商によって鑑定された。苦難とともに輸送された絵画だったが、半数はいかにも西洋人から見た東洋趣味の駄作で、美術史に残るような傑作は十数点にすぎなかったという。これはナチスの美術品収集の責任者である画商ヴァルター・アンドレアス・ホーファーが、東洋美術にまったく造詣《ぞうけい》がなかったためであるようだ。

「いざ美術品が届いてみると、海軍省では扱いに困ったようです。大っぴらに展示してしまえば、絶対極秘であるドイツとの潜水艦物資輸送が露見してしまう可能性もある。そこで全作戦が完了するまで省内の保管庫にしまい込まれ、そのまま人々の記憶から消えてしまったのです」(同前)

終戦後、これらの美術品は行方不明になった。一説によれば進駐軍の占領に備えて重要書類が焼却された時に一緒に焼かれたとも、事情を知る海軍省高官の手によって持ち出されて隠匿されたともいわれる。また進駐軍によって接収されてアメリカに持ち出された、GHQ経済科学局長マーカットの手によって密《ひそ》かに日本国内で売却され、かの有名なM資金の一部になったという説もある。

美術界では時々、欧米に流出して行方不明になっていた美術品が、数十年ぶりに発見されて話題になることがある。そのうちのいくつかは、ナチスが略奪したのち、潜水艦で日本に戻ってきた美術品の一部かもしれない。なおナチスが略奪した美術品のうち、10万点は今日でも行方不明のままだという。

ナチスはユダヤ人からだけではなく、占領地全域の美術館などからも略奪した

第2章

ヒトラーとナチスのオカルト伝説

悪魔に取り憑かれた独裁者のメッセージが的中

ヒトラー「最後の演説」は現代世界への予言

取材・文●市川哲

独裁者の決断と行動を左右した〝悪魔の声〟

ヒトラーは悪魔に取り憑かれていた――。これを裏づける文献が、いくつも残されている。残虐性の比喩としてではなく、本物の悪魔に憑依《ひょうい》されていたというのだ。まず紹介したいのは、ピューリッツァー賞も受賞した米国の作家ジョン・トーランドが、ノンフィクション作品『アドルフ・ヒトラー』のなかで記したエピソードだ。

第1次世界大戦において伝令兵として最前線で40回以上の戦闘に参加した若き日のヒトラーは、戦場で「謎の声」を耳にし、それに従ったがために、爆死を避けることができたという。常にギリギリのところで命拾いをしてきたことから、周囲から「不死身の男」とも称されていたとか。

ヒトラーがあらぬ方向を凝視しながら「〝あいつ〟が来た！」と絶叫した、という側近の証言も残されている。

悪名高き宣伝相ヨーゼフ・ゲッペルスの証言もある。ただの末端職員をいきなり重用したのは、「あいつ（謎の声）に従ったからだ」と説明するヒトラーについて、「この人は何者だ？　神か？　キリストか？　ヨハネか？」と日記に書き残している。

「ヒトラーはたびたび側近たちの前で〝あいつ〟の言葉に従うことでナチス・ドイツを常勝に導いたのだというオカルトめいた話をしています。自身を神秘的存在に見せることでカリスマ性を高めようという自己演出の可能性ももちろんあったでしょうが、しかしそうとばかりも言い切れない」（近代史研究家）

ヒトラーは周囲に「〝あいつ〟に未来を教えられた」とたびたび語ったという。ロケットやミサイル兵器の出現、コンピュータやロボットの影響拡大、人類の月面探索、日本への原爆投下などがその内容だ。予言めいた話の多くが現実に的中しており、とてもデタラメだったとは言い難い。

「いずれも当時最先端の知識があれば予見可能だといまになって言われますが、まだロケット研究は実用以前の段階で、コンピュータどころかアナログ計算機の時代なのです。それほどまでヒトラーに先見の明があったのだとも言えますが……」（同前）

ヒトラーの生誕から50年周期で世界は動く

ヒトラーの生誕から50年ごとに時代のターニングポイントが訪れるとの予言もある。

1889年生まれのヒトラーが50歳を迎えた1939年に第2次世界大戦の開戦を宣告。生誕100年の1989年には東西冷戦の終結を告げるベルリンの壁崩壊が起きている。

またこの先、生誕150年になる2039年は、ケネディ大統領暗殺に関する極秘資料が公開される年とされていて、これもまた世界の激変を予感させるものであろう。

「ケネディ暗殺は1963年のことであり、資料公開を死後76年目という中途半端な区切りとしたのは暗殺に関与した者の全員が亡くなっている頃だから、というのが理由なのだそうですが、ヒトラーの年譜との奇妙な一致は気になるところです」（同前）

なおこの50年周期説は、『ノストラダムスの大予言』の五島勉《ごとうべん》の1988年の著作（『1999年以後　ヒトラーだけに見えた恐怖の未来図』）に出てくるもので、そう聞くと眉唾モノと感じるかもしれないが、出版自体が冷戦終結の1989年の前年というのがミソ。「1999年人類滅亡説」で盛大にやらかすことになる五島が、1989年11月の世界的変革にかぎっては〝見えていた〟というのも不思議な話ではないか。

この五島の著作でもう一つ興味深いのは、ドイツ敗戦間近の1945年4月になされたとするヒトラー最後のラジオ演説だ。40分ほどの放送のうち、側近の録音した7、8分だけが残されたという。その要点は以下の通り。
❶ユダヤ国際資本が背後で操る米ソがいったんは勝利する。
❷米ソは1990年頃まで妥協と対立を繰り返しながら世界を支配しようとする。
❸やがて世界は米ソの手に負えなくなる。
❹アラブを戦場とした東西の激突する最終戦争が起こる。
❺これに勝利したユダヤが全世界の覇権を握る。
❻そうはさせないための秘儀を死ぬ前に行う。
❼その時ナチスは甦り、真のヒトラーの時代が必ず来る。
空襲を伝えるサイレンにより演説はここで中断、ヒトラーの秘儀がなにかについては明かされていないという。

仮にこれがホンモノだとすると、その内容はとても戦時下に苦しむドイツ国民に向けたものとは思えず、戦況悪化に精神を崩壊させた挙句《あげく》の妄言にも映る。

しかし一つひとつの文言をみてみると、東西冷戦の終結と米ロの影響力の低下についてはまさにその通りに世界が進んでいる現実があり、またアラブの戦争に関しても、2023年10月に始まったイスラエル・ハマス戦争をめぐる核戦争勃発の危機という現在の世界状況を的確に示しているのも事実。

そうなるとヒトラーの秘儀とはなんなのか、本当にナチス復活はあるのかと俄然興味も湧いてくる。

“最後の演説”においてナチスの復活と自身の野望の完結を高らかに宣言したというヒトラー。果たして2039年、なにが起こるのか

トゥーレ協会、ヴリル協会、ブラックサン、アーネンエルベ……

ナチスの超兵器を支えた〝オカルト組織〟の正体

取材・文●金崎将敬

ナチス幹部が会員となった怪しすぎる「オカルト団体」の数々

ナチス、とりわけヒトラー自身がオカルトに強い関心を示していたことはよく知られている。ここでは、ナチスに深く関わっていたオカルト結社を紹介しよう。

1918年に右翼政治結社・ゲルマン騎士団の非公式バイエルン支部として設立された「トゥーレ協会」は、ハーケンクロイツ（逆鉤《かぎ》十字）と剣をシンボルとしており、ルドルフ・ヘス、アルフレート・ローゼンベルク、ディートリヒ・エッカート、ハンス・フランクなど、のちにナチスで重要な働きをする人物のほか、地政学者でヒトラーに影響を与えたといわれるカール・ハウスホーファーなども会員として擁《よう》していた。ヒトラー自身はトゥーレ協会の会員ではなかったが、その活動拠点を訪問したことがあるという。その思想的背景には、「白人をもっとも進化した人類」とする霊的進化論を提唱する〝神智学〟というオカルト的な新宗教の教えがあり、民族主義、神秘主義、反ユダヤといった要素が含まれている。

「ヴリル協会」は、エドワード・ブルワー＝リットンの小説『来るべき種族』に触発され、1918年、ドイツ・ベルヒテスガーデンで設立された。トゥーレ協会と同様に神智学協会の影響を受けており、先の小説に登場する「ヴリル」という、気功のようなエネルギーの訓練などを行っていたといわれる。この団体には謎が多く、地政学者のカール・ハウスホーファーがヴリル協会の会員であったという説のほか、リーダー格の女性霊能者が地球外文明や地底人とコンタクトしていたという、少々奇抜な説も囁《ささや》かれている。

秘密警察ゲシュタポのトップだったハインリヒ・ヒムラーと関係の深いオカルト結社といわれるのが「ブラックサン」だが、その詳細は明らかになっていない。イタリアで、テロ行為やマネーロンダリングに手を染めていた秘密結社、「フリーメイソン・ロッジP2」は、聖ヨハネ大聖堂のステンドグラスにある「黒い円から虹色の光が差すシンボル」を、彼らの神の象徴としているが、これはブラックサンのシンボルにもよく似ており、両者の関係が気になるところだ。

途方もないスピードで円盤型の戦闘機が出現

そのほかナチスは、公的研究機関として「アーネンエルベ」という研究グループを擁していた。これはハインリヒ・ヒムラーが設立したもので、超古代の時代にドイツ人など「北欧人種」が世界を支配していたことの証明が主な目的だった。ここでは研究部門として「オカルト科学の調査」が設けられたほか、ヒムラーから絶大な信任を受けていたカール・マリア・ヴィリグートという怪人物もアーネンエルベに出入りしている。このヴィリグートは、ナチス親衛隊（SS）の将軍にまで出世した一方で、「イルミン教（イルミネンシャフト）」なる古代宗教の継承者を名乗り、親衛隊の宗教思想に大きな影響を与えた。

このようなオカルト志向の影響か、ナチスはUFOの製造も図っている。正確には円盤型飛行機であり、「ＡＳ‐６」というプロペラ機や、「ホルテンＨｏ２２９」というジェット機が試作されたほか、円盤型の垂直離着陸機（ＶＴＯＬ）なども計画されていた。

それらは単に円盤型の飛行機というだけでしかないが、いわゆる異星人のＵＦＯと言っていいほどの性能を持つ円盤型戦闘機が開発されていたという説もある。１９４５年３月、米軍の爆撃機12機がドイツ上空で撃墜されたのだが、この時、円盤型の戦闘機が途方もないスピードで出現し、「青い煙」を発射したかと思うと、米軍側の戦闘機が次々と爆発したというのだ。

さらに、ＦＢＩの極秘資料には、１９４０年にドイツの秘密工場で働いていた男の、円盤型戦闘機についての証言が記されている。それによると、その戦闘機は「Ｖ‐７」と呼ばれ、２万メートルの上空を時速１７００キロのスピードで飛んだという。

また、別の資料ではＶ‐７を目撃した人物の証言として、１９４４年の夏に、直径７～９メートルほどの円盤状の物体が垂直にゆっくり上昇してから、飛んでいったと書かれている。その少し前に、トラクターのエンジンが急に止まったり、慌てた様子のナチス親衛隊員らが現れたりしていることから、おそらく実験中のUFO戦闘機が墜落してしまうトラブルがあったと考えられる。トラクターのエンジンが止まったのは、そのUFO戦闘機がなんらかの電磁気的な力で動いていたことを意味するのだろう。

現代の科学をもってしても難しいこのような装置をなぜナチスがつくることができたのだろうか? ひょっとしたら、その背後には先に挙げたオカルト結社からもたらされた「オカルト科学」が存在していたのではないか。

トゥーレ協会のエンブレムにはナチスのそれと同じ逆鉤十字が使われている

現在も高野山に祀られるヒトラーとゲッペルスの位牌

ナチス、日本、チベットを繋ぐ仏教系秘密結社の正体

取材・文●金崎将敬

ナチスに協力したチベットの「緑の男の会」

アメリカ人ジャーナリストのコーネリアス・ライアンはその著書に驚くべきことを書いている。1945年4月末、連合軍の総攻撃を受けたドイツの首都ベルリンで多数のチベット人の遺体が発見されたというのだ。

ドイツ兵の掃討に当たっていた連合軍兵士が発見したナチス親衛隊（SS）のマークをつけた兵士らの死体は、1人の死体を囲み、6人の死体が円を描くように横たわっていた。彼らはみな東洋人の相貌をしており、のちにわかったのは、彼らはチベット人であり、それぞれ儀式用短剣で腹を突いて絶命していたという

ことだ。さらに、中央の男は祈るように手を組んだまま絶命しており、その手には緑色の手袋がはめられていた。

その後、ベルリン各地で数百体のチベット人の死体が次々発見され、最後まで抵抗していた通信管理センターからは１０００人ものチベット人兵士の遺体が見つかっている。

彼らチベット人たちはなぜ、故郷を遠く離れたドイツの地で決死の戦いをしていたのか？　その鍵を握るのが、ナチス副総統ルドルフ・ヘスの地政学の師であったカール・ハウスホーファーという人物だ。

彼は地政学者であると同時にオカルトにも関心が深く、１９０８年から滞在した日本では禅の研究を行い、チベットではチベット仏教僧から奥義を伝授され、チベットに伝承されるシャンバラと呼ばれる地底王国の存在を信じていた。

ヒトラーへ思想的な影響を与えたのはこのハウスホーファーだといわれている。

１９２３年、ヘスの紹介で獄中の若きヒトラーに出会った彼は、反ユダヤ思想とゲルマン民族の世界支配をヒトラーに説き『我が闘争』の執筆を勧めたという。

また、このハウスホーファーの勧めにより、ナチスの公的調査機関「アーネンエルベ」の傘下に「スヴェン・ヘディン協会」が設立され、1926年から1942年まで毎年、そこからチベットへ調査団が送り出されている。

彼らは、チベット仏教の僧侶に接触、1926年頃にはベルリンとミュンヘンに「チベット人区」ができていた。ナチスに協力したチベット人の一派は「緑の男の会」と呼ばれた。緑の男の会のリーダーは高位のチベット仏教僧であり「緑の手袋をした男」と呼ばれていた。リーダーはヒトラーと直接面会し、様々な予言を日時まで正確に的中させたという。

日独同盟成立を繋いだ秘密結社「アショカグループ」

ナチスに協力したチベット仏教関係者による緑の男の会は、日本の「緑龍会」と数百年間にわたり提携していた。緑龍会は、ハウスホーファーが日本で入会したチベット起源の秘密結社であり、人間の隠されたオカルト的能力を開花させることを目的としていた。

ハウスホーファーが語るこの緑龍会については実態が確認されていないが、一説には、京都の東にその本部が置かれていたという。そして、京都の北に黒龍会(同名の右翼結社とは別)、東に青龍会、南に赤龍会、西に白龍会、中央に黄龍会が存在したといわれる。

それらは五龍会と総称され、八咫烏《やたがらす》という秘密結社がそれらを統括していたとも。八咫烏とは物部《もののべ》氏の末裔による「裏天皇」の結社であり、万が一、天皇家の血統が途絶えることがあれば、その地位を継承するといわれている。だが、もちろんこれも実態は確認されていない。

さて、20世紀後半に活躍したあるインドの聖者によると、ヒトラーの背後には9人で構成される仏教系秘密結社「アショカグループ」が存在していたという。これは紀元前3世紀のインドを支配したアショカ王が創設した結社であり、誰かメンバーが死ぬと新たなメンバーが補充され、常に9人という人数が維持されるという。

彼らはナチスのオカルト志向に間接的な影響を与えた新宗教・神智学にも深く

関わり、ヒトラーに世界を支配させたのち、世界を救済する教えを伝える予定だった。しかし、途中でヒトラーがグループから距離を置いたため、その計画は水泡に帰した。なお、仏教国の日本がドイツと同盟を組んだのは、アショカグループが仏教系の結社であることに関係するという。

これと関係するのか、なんと真言宗の総本山である高野山金剛峯寺にはヒトラーやゲッペルス宣伝相の位牌が祀られている。また、高野町のウェブサイトには、1938年にドイツのヒトラーユーゲント（青少年団）70数名が高野山に登山参詣したと記されている。真言宗といえば、チベット仏教とも比較的近い宗派であり、緑の男の会や緑龍会との関係が気になるところだ。

地政学者カール・ハウスホーファーはルドルフ・ヘスを教え子に持ち、ヒトラーにも影響を与えた

チベット、南極へ調査団を派遣したヒトラー

地底王国の「入り口」を求めたナチス・ドイツのオカルト探検

取材・文●金崎将敬

若きヒトラーが夢見たチベットの地下王国伝説

前項で述べたように、若きヒトラーへ、反ユダヤ思想とゲルマン民族の世界支配という思想を吹き込んだのは地政学者のカール・ハウスホーファーだ。彼はオカルトにも精通し、ナチスのオカルト志向に影響を与えた、トゥーレ協会やヴリル協会など、いくつかのオカルト結社にも関わっていたといわれる。

これも前項で述べたが、ハウスホーファーは東洋の宗教にも造詣が深く、1908年から滞在した日本では禅の研究を行い、チベットではラマ僧から奥義を伝授され、チベットに伝わる地底王国、シャンバラの存在を信じていた。

ハウスホーファーは、ヴリルという超常的パワーを駆使する人々「ヴリル・ヤ」の住まう地底王国を描いた小説『来るべき種族』の内容を真実だと信じており、著者のエドワード・ブルワー＝リットンがその地下世界へ下りていったという坑道を割り出している（ただし、当のリットンは、小説は完全にフィクションだと述べている）。

この小説はヒトラーも読んでおり、やはり、ハウスホーファーと同じく、その内容を真実だと信じていた。ヒトラーはチベット仏教僧がヴリルの力に精通していると考え、大勢の僧をベルリンに招いて勝利祈願の霊的儀式や未来予知などを行わせていたようだ。

さらに、ナチスのオカルト志向に影響を与えた複数のオカルト結社にハウスホーファーは関係し、そのいずれもが神智学という新宗教の影響を受けていた。この神智学はシャンバラという地底王国の存在を説いており、このこともまたハウスホーファーに地底王国の実在を確信させることになったと思われる。

ハウスホーファーは地底王国をアガルタとも呼び、そこを「神の隠れた都市」

と形容した。さらに、シャンバラはその首都であり、「人類の進化を助ける町」であると述べている。

彼はその信念に基づき、ナチスの調査機関「アーネンエルベ」のなかに「スヴェン・ヘディン協会」を設立させ、1926年から1942年まで毎年、チベットに調査団を送り出しているが、そこでシャンバラへの入り口が見つかったかどうかは定かでない。

ゲーリングの南極探検の目的は地底王国への入り口探しだった

チベット探索と並んでナチスが注力したのが、ドイツ軍最高位の国家元帥にまで上り詰めたヘルマン・ゲーリングの指揮による南極探検だ。

1939年に実施された南極探検では、3週間にわたって船から飛び立った2機の水上機を使って1万枚以上の航空写真を撮影。逆鉤《かぎ》十字型の金属片を大量に散布したほか、20キロごとにナチス旗を投下するなど魔術儀式めいた行動を取っている。

その主目的は南極の領有権主張と海軍基地建設に向けた調査とされているが、そのほかに隠された目的があったとされる。それは、地球内部が空洞であるとする、いわゆる「地球空洞説」において、極地帯に存在すると考えられた地底王国への入り口を探すことだったといわれる。

戦後のことだが、米軍のリチャード・バード少将という人物が1947年にアラスカの米軍基地から飛び立ち北極地帯の調査飛行をした時、地球内部の異世界に入り込むハプニングにみまわれたという。

そこは亜熱帯の気候でジャングルが広がり、巨人やマンモスがいたほか、東洋人の相貌の人々がいたという。これは、ハウスホーファーやヒトラーが夢見たシャンバラなのだろうか。

また、近年は南極の凍結湖に逆鉤十字の印のある古代遺跡が発見されている。ロシアは、ボストーク湖という氷結した湖を1989年から掘り進めており、2012年、3800メートルまで掘ったところで、湖水にまで到達した。そこへ投じた水中カメラにより「黄金のような金属でつくられた逆鉤十字」を発見したという。その大きさは高さ、幅ともに100メートルに達するというから実に巨大なものだ。

もちろん、逆鉤十字といってもこれはナチスの建造物ではなく、いわゆる超古代文明の遺跡である。ボストーク湖が1万2000年以上前から氷に覆われていたことを考えれば、世界最古の人工建造物である可能性もある。

そもそも逆鉤十字はチベットやインドで招福のシンボルとされた卍（マンジ）を反転させたもので、そのルーツは古代にさかのぼる。

南極大陸が発見されたのは1820年とされているが、古代には南極の存在が知られていたともいわれ、古代の地図を写し取ったとみられる複数の地図には南極の姿が描かれ、そこには逆鉤十字まで記されている。

南極大陸もまたシャンバラへの入り口の一つだったのか。少なくとも、ヒトラーはそこに逆鉤十字の力の源泉であるところの、超古代文明や地底王国の幻影を見い出していたのだろう。

ナチス・ドイツによる南極探索は、ドイツ軍最高階級にまで上り詰めたヘルマン・ゲーリングが自ら指揮した

持ち主を世界征服者にする、キリストを刺した伝説の槍

ヒトラーが愛した「ロンギヌスの槍」の行方

取材・文●市川哲

画家時代に目にした「神聖ローマ帝国の聖槍」

「ロンギヌスの槍」とは、キリスト教における聖遺物の一つである。磔《はりつけ》にされたイエス・キリストの死を確認するため、処刑人だったローマ人のロンギヌスがキリストの脇腹を槍で刺すと、死体から血が流れ出た。その血にロンギヌスが触れると、ずっと患っていた白内障がたちどころに治ったとされている。

このような伝説があるロンギヌスの槍には、「持つと世界を征服することができる」という伝説がいつしか加わり、古くから多くの人々に追い求められてきた。

その結果として、歴史上に登場する主なロンギヌスの槍は、4本も存在する。キ

リストを刺した槍は1本しかないはずなのに、非常におかしな話だが、聖遺物にはこういったケースが少なくない。キリストが磔にされた十字架の遺物は、発見されているものだけで数十本分にものぼる。

それはさておき、ナチスが所持していた槍は、4本のなかでも、もっとも本物に近いとされる「神聖ローマ皇帝の聖槍《せいそう》」だった。この槍をナチスが持つまでの経緯には、ヒトラーの深い思い入れが関係している。当時、ウィーンのハプスブルク家で保管・展示されていた槍を、若き画家であったヒトラーは拝観する機会に恵まれた。その時の感動を、ヒトラーはのちにこう語っている。

「私はその槍の前に立って、数分間、ただ静かにそれを見つめていた。するとそれがなにか、私の奥底で眠っていたもの、あるいは私が直視することを避け続けてきたなにかを強烈に呼び覚ましているような感覚に襲われたのだ。そして、私はその槍を、自分が生まれる以前、数世紀前にも一度手にしていたような気がした。私はその槍を持って、世界を手中に収めようとしていた。そう感じたのだ――」

1938年にオーストリアを併合したヒトラーは、ロンギヌスの槍を含むハプスブルク家の財宝を奪い去った。そして、翌年にはポーランドへ侵攻し、第2次世界大戦の火ぶたを切って落としている。

「ヒトラーがこの聖槍に執着する理由には、作曲家・ワーグナーの存在も影響しているでしょう。ワーグナーの作品には、ロンギヌスの槍が多く登場します。ヒトラーは、学生の頃からワーグナーの信奉者。曲中で黒魔術に使用される聖槍は、オカルトにも興味を持っていたヒトラーの心に訴えかけるものがあったようです」（ナチス文化研究家）

1945年4月30日、米軍のウォルター・ウィリアム・ホーン中尉によって、ロンギヌスの槍は奪還され、のちにハプスブルク家へ戻されている。歴史上、聖槍を失った者にはまもなく死が訪れるが、ヒトラーの自殺は、槍喪失からわずか80分後であった。

「ところが、この奪還された槍はレプリカで、本物はナチスの残党が南米、あるいは南極に持って逃げているという説があります。南米には、ナチスの地下組織が存在するともいわれており、本物の聖槍を守り、世界征服の機会をうかがって

いるのかもしれません」（同前）

果たして、「聖槍伝説」がナチスによって達成されることはあるのだろうか。

磔にされたキリストを刺しているのが、ロンギヌスの槍。キリストの血で染められた聖遺物を、多くの人が追い求めた

最後の予言は「ベルリン大空襲」

ヒトラー暗殺を予知したナチス宣伝省の占星術師

取材・文●金崎将敬

ノストラダムスの予言の解釈と占星術による戦略立案

オカルトにのめり込んでいたナチスは占星術を実戦で活用していた。その中心にいた占星術師が、カール・エルンスト・クラフトという男である。

クラフトは1900年にスイスのバーゼルで生まれ、数学に天才的な才能を発揮していたが、ある種の予知夢を見たことをきっかけにオカルトへ興味を抱く。

さらにその後、大学時代に占星術を知ったクラフトは、統計学を駆使して占星術の研究に取り組み、その一環としてヒトラー暗殺の企てを占星術によって予知することになった。

1939年、クラフトはヒトラーが11月の7~10日の間に命の危険にさらされると予知し、そのことを国家保安局へ手紙で警告。実際、11月8日にミュンヘンのビアホールでヒトラーの演説中に爆弾が爆発する事件が起きたのだが、予知の正確さが仇となり、クラフトは犯人と疑われゲシュタポに拘束されてしまう（その爆発事件で、ヒトラーは奇跡的に無傷）。

だが、クラフトは疑いを晴らすことに成功し、逆に宣伝相ヨーゼフ・ゲッベルスによってナチス宣伝省の職員に採用される。その主な職務は、ノストラダムス予言の解釈と占星術による戦術のアドバイスだった。

1940年から翌年にかけての諸作戦は、クラフトが占星術的に選んだ日程に実施されたといい、また、イギリス上陸作戦がクラフトの占星術予知で中止されたともいわれている。

実際にどこまでクラフトが戦略に口を出していたのかは明らかでないが、ナチス上層部に占星術の信奉者が多かったのは事実だ。親衛隊（SS）長官のハインリヒ・ヒムラーが信頼していたカール・フリードリヒ・オットー・ヴォルフのほか、エルネスト・シュルツ・ストラウス、エリック・ヤン・ハヌッセンなど複数のオカルト人材たちがナチスに深く関わっていた。

このうち、ウィーン生まれのチェコ系ユダヤ人とされるハヌッセンは、アメリカの戦略諜報局（OSS）の資料によると、1920年代の初期にヒトラーに、演説や心理学の手ほどきをしたオカルト師だという。つまり、ヒトラーのあの神がかった演説能力はハヌッセンに伝授されたものだったのだ。

ハヌッセンはナチスが権力を確立させたあと、「オカルト省」を設立することを夢見ていたが、結果的にはナチスが権力を掌握したのち、妻ともども暗殺されてしまう。これは、ヒトラーが指示したという説が有力である。

戦場の裏で行われていた英独による「占星術戦争」

ナチス宣伝省の職員を続けていたクラフトもまた不遇な晩年を送った。その予兆は、クラフトが駐独ルーマニア大使に出した手紙で、ノストラダムス予言の解釈に関わっていることや占星術で戦略を立てていることを漏らしてしまったことに端を発する。のちにこの大使はイギリス駐在の大使になり、イギリス政府の高官たちにクラフトのことを伝えてしまった。

そこでイギリス政府は、ロンドンに亡命していたユダヤ人占星術師ルイ・ド・ウォールを雇い、クラフトに対抗させる。つまり、占星術で戦略を判断しているなら、そのロジックを見抜ければ、ドイツ軍の戦略を先読みできると考えたのだ。この狙いはドンピシャであり、戦略を先読みされたドイツ軍は次々と作戦を失敗させられる。

クラフトのもう一つの仕事は、プロパガンダのため「ノストラダムスがドイツの勝利を予言している」という解釈をひねり出すことだったが、イギリスはウォールを使ってその逆の解釈、つまり、「ノストラダムスは連合国の勝利を予言している」と解釈させ、ドイツに対抗したプロパガンダを行った。イギリスは偽の占星術雑誌までつくる凝りようであり、これはまさに英独の〝占星術戦争〟というたものだった。

当のクラフトも、占星術的に敗戦の未来を見たのかどうかはわからないが、やがてドイツが不利な戦況を予言するようになり、連合国との停戦を提案し始める。

そのクラフトの予言を信じたのは、ナチスの副総統ルドルフ・ヘスである。ヘスの地政学の師であるカール・ハウスホーファーから、「ヘスが飛行機に乗って重要な目的地へ旅立つ、大きな城に入っていく夢を見た」と告げられたこともあり、ヘスは単独でイギリスへ飛行して和平交渉を行うことを夢想した。そして、夢想だけでなくそれを実行してしまったのだ。

この事件がきっかけでナチスは占星術師たちに大規模な弾圧を加え、クラフトも1941年に逮捕。彼は獄中でドイツに都合のよい占星術解釈を強制され、最終的には強制収容所に収監。1945年に別の強制収容所に移される途中に栄養失調で死亡する。

クラフトの最後の予知は、「ドイツ宣伝省はその悪辣《あくらつ》な行為の結果として連合国の爆撃を受ける」というものだったというが、それはまさしくベルリン大空襲によって的中した。

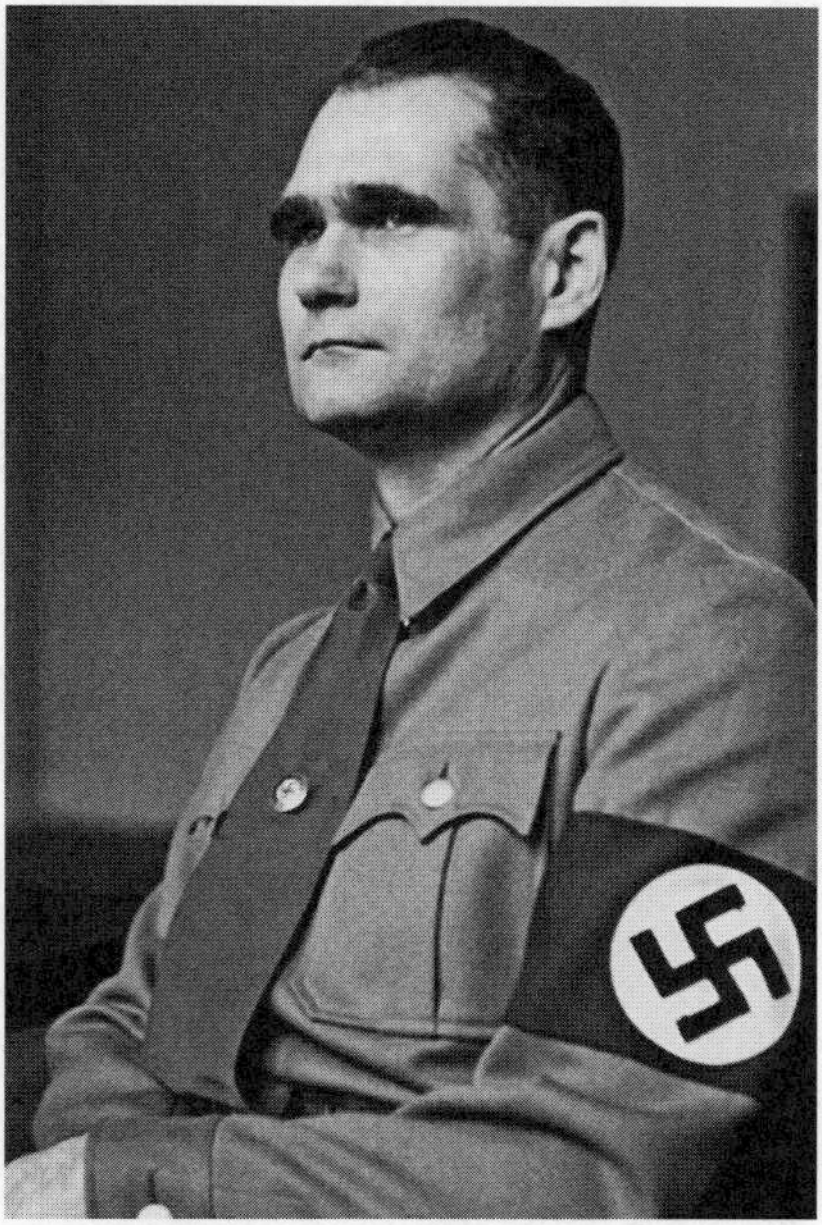

ナチス高官だったルドルフ・ヘスはイギリスとの和平を画策し、自ら飛行機を操縦して渡英。その大胆な行動は占星術によるものだったのか

ヒトラーが夢中になった姪との「近親相姦」の真相

取材・文●高江宏孝

「童貞のまま死んだ」というヒトラーの噂

禁欲的な政治体制としても知られるナチス・ドイツ。なかでも指導者ヒトラーは、菜食主義と禁酒・禁煙で知られていた。また、俗説ではヒトラーが「童貞のまま死んだ」という噂も流れたことがある。

しかし、これはまったく的外れのようで、ヒトラー研究家たちは「10代の姪に欲情するロリコンで、なおかつ変態性癖の持ち主だった」と指摘する。

それを裏づける様々な資料が、アメリカや旧ソ連から発掘されている。それらの資料が、第2次世界大戦の前にすでにつくられていたとされることも、この説の信憑性を保証している。

ヒトラーの異母姉、アンゲラ・ヒトラーが娘アンゲリカ・ラウバル（愛称「ゲリ」）を出産したのが1908年。8歳の時に父親が死亡し、それ以降のゲリは、ヒトラーを父親代わりとして接することになる。

ヒトラーと姪ゲリとの年の差は19歳にもなるが、この2人はのちに奇妙な、そして不幸な関係を結ぶことになる。

「ドイツ帝国が第1次世界大戦に敗れたあと、ヒトラーは、バイエルン市政府のスパイのような仕事を任されていました。その時に監視対象だった『ドイツ労働者党』を乗っ取り、ナチ党に発展させます。その後もヒトラーは、バイエルンの州都ミュンヘンを中心に生活していますが、その時期にヒトラーともっとも親密だった異性が、ゲリだといわれています」（ヒトラー研究家）

よく知られている説では、1927年、ゲリが18歳の時から、叔父との性行為が始まったというが、それ以前の関係を疑う研究家もいる。

別荘の「SMルーム」に軟禁されていたゲリ

ヒトラーは1928年に、ドイツ南部の山岳地帯に「ベルクホーフ」と呼ばれる別荘を手に入れ、ゲリとその母を住まわせた。ヒトラー研究家の調査によれば、ここには「SMルーム」があったといわれている。

「ヒトラーは、誰かを公然と侮辱することを喜ぶサディストであると同時に、密室では、女性に糞便や尿をかけられることで喜ぶマゾヒストでもありました。ヒトラーが挿入行為以上のオーガズムを感じたのが、『演説』と『排泄物』だったといわれており、それを裏づける証言もあります」(同前)

ゲリはこの部屋に、事実上の軟禁状態だったという。また、ヒトラーの偏執狂的な溺愛はすさまじく、ゲリと仲良さげに振る舞っていた運転手をクビにしたほどだ。当時のゲリの写真も複数残されており、少女のあどけなさを伝えている。

逆に、むしろゲリのほうこそ叔父への恋心を燃え上がらせていたのだという説もある。ヒトラーが、のちに長く愛人となり、死の間際に夫婦の誓いを結ぶことになるエヴァ・ブラウンからラブレターをもらった際には、ゲリが癇癪《かんしゃく》を起こしたという。

そんなゲリは、恋敵エヴァ・ブラウンの存在を苦にしたのか、はたまたヒトラーの束縛や〝変態行為〟に耐え言切れなくなったのか、1931年9月に拳銃自殺を遂げている。23歳だった。

ゲリは「バイエルン風の特徴が強く出た容貌の少女」だったという

第3章

ナチスの超兵器

世界を驚かせた「最新鋭」「高性能」超技術の数々

ナチスの超兵器

取材・文●西本頑司

兵器開発の時計の針を20年早めたナチス

「もしドイツ軍がこれらの新兵器の開発をもう6カ月早く完成させていたなら、我々のヨーロッパ進攻は不可能になっていただろう」

ヨーロッパ連合軍最高総司令官だったアイゼンハワー将軍をして、心胆寒からしめた、それがナチスの超兵器であろう。

戦後、連合国の主力兵器の多くは時代遅れとなって消えていった。しかし、ナチスが大戦末期に投入した多くの兵器は、いまでも主力兵器として残っている。長距離弾道ミサイル、誘導ミサイル、ジェット戦闘機、ヘリコプターなどはナチスが開発したものと言っていい。「ナチスは兵器開発の時計の針を20年早めた」と言われるゆえんである。

なぜ、ナチス・ドイツの兵器は、これほどまで革新的であったのか。もちろん、独裁者ヒトラーの個人的な趣味もあっただろうが、意外な理由があった。

ドイツは第1次世界大戦の「敗戦国」だった。ここがポイントなのだ。

第1次世界大戦後、ドイツはヴェルサイユ条約によって厳しい軍備制限を受ける。戦勝国が開発を予定した「兵器」をドイツはつくることができなくなってしまったのだ。

この時代、兵器開発の目標は、第1次世界大戦の戦訓から「より大きな戦艦」と「空母」「艦載機」に向かっていた。戦勝国だった日本は、この方針に沿って大和型戦艦、世界初の正規空母「鳳翔」、艦載機のゼロ戦を開発した。列強は海外に領土や利権を持ち、この権益を守るために必要な兵器保有が最優先事項となっていたわけだ。

ところが敗戦国ドイツは、これらの兵器の保有を禁じられていた。それでもドイツはソ連との国交を樹立したラパッロ条約を抜け道に、ソ連や中国に技術者を派遣して兵器開発を続けていた。いうまでもなく、その程度では不十分であり、もし戦争となれば、主力兵器を持たないドイツに最初から勝ち目はなかった。事実、ドイツ同様に敗戦国となったオーストリア、トルコ（旧オスマン帝国）は、列強への復権を諦めていた。それでも諦めず、復権を目指すならば、戦勝国が見向きもしない技術で、まったく新しい兵器を開発する必要がある。この考え方がナチスの超兵器が生まれてくる土壌となっていたのだ。

敗戦国でも開発が許されたロケットやジェット機関

ワイマール共和国時代からドイツが目をつけていたのが「ロケット」である。第1次世界大戦後、ドイツは大砲のサイズが制限され、巨砲をつくる技術を喪失する。そこでロケットに弾薬を積んで大砲の代わりにすれば戦艦を打ち砕けるのではないか、と考えるようになる。

とはいえ、ロケットは大気中の酸素の代わりに酸化剤で燃焼させる。燃焼剤と酸化剤を使って飛ぶ以上、大きさのわりに威力も低く飛距離も短い。巨砲をつくっている戦勝国ではまったく無価値と考えられていた。それで敗戦国でも開発が許されていたのだ。

次にナチスが着目したのが、空気に燃料を吹き込んで燃焼させるジェット機関である。第2次世界大戦でドイツは東欧の産油国ルーマニアが枢軸国入りしたことで石油不足にならなかった。しかし、敗戦で海外権益を失っていた当時のドイツにすれば、当然の懸念として石油不足があった。そこで人造石油に着手するのだが、人造石油は質が悪かった。

航空機などのハイスペックエンジンには高オクタン価のガソリン、いわゆる「ハイオク」が必要となる。戦闘機の性能はエンジンパワーが優劣を決める。質の悪いガソリンで高性能なエンジンにする唯一の方法が「ジェット化」なのだ。そこでナチスは1938年から開発に着手、翌1939年には試作機が完成している。どれほど力を入れていたのかがうかがえよう。

一方のイギリスやアメリカには高オクタン価ガソリンがたっぷりあった。通常のレシプロエンジンでも2000馬力以上を発揮でき、理論上、世界初のジェット戦闘機となったドイツのメッサーシュミットMe262（時速870キロ）に近い速度が出せるのだ（850キロ）。しかし、ジェットエンジンは燃費が悪く整備も難しい。慌ててつくる意味が戦勝国にはなかったわけだ。

ナチスの代名詞となる「Uボート」への傾斜も同じ理由だ。第1次世界大戦では世界最強のRN（イギリス王立海軍）と超ド級戦艦で殴り合ったドイツ海軍は、敗戦後、兵員を1万5000人に制限され、沿岸警備隊程度の規模に縮小していた。戦艦の保有は禁止され、大砲の技術も失い、兵士の練度も低かった。

そこでナチスは潜水艦に着目する。1000トン規模で兵員50人前後。手っ取り早く海軍力を復活させるには潜水艦の増強しか打つ手がなかったのだ。

戦艦の喪失は、巨大な列車砲を生み出す原動力にもなった。

戦艦の主砲は、海に浮かべる以上、コンパクトで軽くつくらなければならない。この技術を失っていたドイツだが、重くてもよいのならば巨大な砲塔もつくることができる。そこで列車に積んで移動する砲口径80センチの巨大砲「グスタフ」

「ドーラ」をつくった。これも戦勝国からすれば、沿岸部なら戦艦による艦砲射撃で十分、内陸部への攻撃なら空爆すればいい。専用列車で移動する使い勝手の悪い兵器に興味を持たないのは当然であった。こんな一見、無駄な兵器をつくるのはナチスぐらいしかありえなかったのだ。

兵士の数で劣るドイツは「量より質」しかなかった

ヴェルサイユ条約で莫大な賠償金支払い義務を負ったドイツ産業界は、戦勝国から生産制限された軍需部門が縮小し、玩具といった軽工業へと切り替わった。第2次世界大戦前、玩具の2大輸出国は日本とドイツだった。「鳩時計で借金を返済している」のが第2次世界大戦前のドイツ産業界の実情だった。結果、高度な大量生産技術が劣化し、高性能兵器を大量につくると不良品が増える、という構造になっていた。

ナチス・ドイツの敵は「数」であった。ソ連といえば「兵士は畑で採れる」という逸話が物語るよう、スターリンの恐怖政治によってどんなに粛正されようと次々と兵士が湧いてくる。アメリカは「連合軍の軍需工場」と呼ばれ、大量生産に次ぐ大量生産を行う。まさに数の暴力であろう。

その数に劣るナチスが選べる手段は、「量より質」しかない。運よくドイツにはマイスターと呼ばれる腕のよい職人がいる。職人を中心に少量生産する分には、いくらでも高性能な兵器がつくれたのだ。ナチスの研究者たちが開発する新兵器を次々と生産、戦場に送る。例えるならアニメ『機動戦士ガンダム』の先行量産型の新兵器「ガンダム」で大量の量産機「ザク」に対処する感じだろうか。

その典型が戦車であろう。倍の戦車がいるならば、半分の数の新型戦車で対抗する。さらに敵が数を増やせば、こちらも、さらに高性能化する。大戦末期には180トン級の「マウス」を開発、予定では1000トンの移動要塞「ラーテ」や列車砲ドーラを搭載した「ラントクロイツァー」(1500トン・100人乗り)という常軌を逸した計画まで立てていた。

異次元の強さを誇った「超兵器」メッサーシュミットMe262

ナチスは飛び抜けた兵器開発能力と、少数生産とはいえ高度な生産技術を持っていた。ゆえに大量生産さえ考えなければ、どんな「超兵器」もつくることができた。しかもつくらなければ数に対抗できない。高性能な新兵器を次々と開発するしか戦う方法がなかった。だからナチスは、第2次世界大戦中期から後期にかけ、次々と新兵器を投入した。敗戦国だったがゆえの必然だったのだ。

たしかに軍事学的には間違っていよう。戦いは、やはり数なのだ。

戦車工場から兵士を乗せて、直接、戦場に乗りつけてくるソ連のT－34。「戦車のT型フォード」と呼ばれたアメリカのM4シャーマン戦車。これらを相手に奮闘したところで、いずれは弾薬が切れ、燃料が切れる。敵に倒される以前にガス欠や故障で遺棄されていった。

第2次世界大戦末期、世界初のジェット戦闘機として戦場に登場したメッサーシュミットMe262は、実に500機もの連合軍の爆撃機を撃墜する異次元の強さを見せた。しかし、航続距離が極端に短く、また、着陸に長くて頑丈な滑走路が必要だった。それがわかれば、エリア内を避けることで簡単に対処できる。世界初の対空誘導ミサイル「ヴァッサーファル」がどんなに高性能であろうが、配備数が少ないぶん、犠牲を前提にすれば爆撃できる。

大戦末期には革新的な新兵器を運用する優秀な兵士までいなくなった。兵器開発者や職人たちもまた、捕虜として連行された。こうしてナチスの野望は潰《つい》えた。最後は必ず負ける。その負けを前提に敵に一泡吹かせ、一矢報いる。ナチスの超兵器には、そんな「ロマン」がある。

「こうするしかなかったのはわかるが、そこまでしてやる理由がわからない」

それが、ナチス・ドイツの本質だった。

世界初のジェット戦闘機メッサーシュミットMe262。第2次世界大戦中、もっとも美しい機体と称される。当初、ヒトラーは爆撃機として運用しようとしていた。降下時には時速900キロを突破、英米戦闘機より150キロ以上の差があった

34万件のドイツの特許情報、20万件の国際特許を「没収」

ナチスの超兵器で世界覇権を手にしたアメリカ

取材・文●西本頑司

マリリン・モンローでもつくれたアメリカの兵器

第2次世界大戦時代、アメリカ兵器の特徴は、一言で言えば「量産」である。新しい兵器を開発する能力と兵器の量産技術は似ているようでまったく違う。量産化でもっとも重要なのは、素人でもつくれるよう平準化とマニュアル化のシステムである。

その象徴がマリリン・モンローであろう。彼女は第2次世界大戦中、兵器工場で働いていた時に雑誌のグラビア写真撮影に応じた。その写真が評判になって戦後、スカウトされたのだ。あのセックスシンボルでもつくれるところにアメリカ製兵器の特徴と凄さがある。

実は第2次世界大戦までアメリカには専業の軍需メーカーが1社もなかった。軍の研究所で開発し、それを民間企業に発注する。もともと自動車など工業生産力は世界一のレベル。工員が兵士になれば、女性や移民を使って人手不足を埋め生産を続ける。この量で圧倒するのが、アメリカの戦略となってきたわけだ。

量産は得意だが、開発は苦手。その真逆がナチスだった。とりわけ大戦末期にかけてナチスは「兵器開発の実験場」の様相を呈していた。次々と新兵器を投入し、その多くが実に画期的だった。そこでアメリカは戦後、当然のようにナチスの兵器の確保に動いた。

それが「ペーパークリップ作戦」である。有能なナチスの人材をリストアップ、「拉致」する予定の履歴書にクリップを挟んだことが作戦名の由来だ。別名「史上最大の泥棒作戦」とすらいわれているのは、文字通り、ナチスの技術を根こそぎ奪い尽くしているからだ。

実際、アメリカがどれほどナチス、いや、ドイツ全体の知的所有権を強奪したのか。イタリアの作家ピーター・コロージモの証言がすさまじい。34万件のドイツの特許情報、さらに20万件の国際特許を「没収」。特許価格を現在の価値に直せば、なんと、数十億ドル、日本円にして数千億円。しかも、その特許による売り上げは数兆円単位になると推測されている。

さらに米軍はチクロンBなどガス室用の毒ガスをつくっていたドイツ最大手の重化学工業企業「IGファルベン」を接収し、5万件以上の特許とジェット戦闘機メッサーシュミットMe262のジェット・タービン50基を提供させている。「ジーメンス」と「ツァイス」からは科学部門のスタッフ全員。「テレフンケン」から化学や電気関係の技術者と設備。ヴァイダにあった物性技術研究所からは科学者。ジェットエンジンを開発していたウンゼンベルクの「BMW」地下工場からも技術部門のスタッフと新型モーターの設計図を奪った。

それだけではない。ナチス超兵器最大の目玉であったロケット技術をめぐっては、ノルトハウゼン地下工場で米軍とソ連軍による「戦利品」の奪い合いまで起こった。この〝戦い〟はトラックを準備万端に用意していたアメリカが勝利する。

組み立て途中の数トン分のロケット、約1200人のドイツ人ロケット専門家と技術資料を根こそぎかっさらった。その技術資料だけでも現在の価値で5億ドルになるという。米軍がドイツから奪い尽くした戦利品は貨車300台分あったといわれている。

ナチスへの宣戦布告は「略奪」目的だった!?

周知の通り、ナチスは占領下の捕虜やユダヤ人を強制労働させていた。こうした地下施設の建設や兵器の実験などで何十万人もが亡くなった。その意味でナチスの兵器関連の技術は、ドイツ国民のみならずナチスに関わったすべての人の血と汗と命の結晶である。本来ならば、ナチスの特許は被害者たちの賠償に充てるべきであろう。

それでもソ連は、史上最悪の殲滅戦となった独ソ戦の当事者。民間人と合わせて3000万人が死亡したとされる被害を受けた。その賠償として差し押さえても納得がいく。

だが、アメリカは国土が戦火に遭わず、兵器を売って儲けていた。たしかに参戦後の米軍の貢献は大きかったが、だからといって第2次世界大戦最大の「戦果」と言っていいナチスの戦利品を奪い尽くしてよいことにはなるまい。ナチスへの宣戦布告も「略奪」が目的だったと勘ぐりたくもなろう。

正義の戦争という名の略奪行為で、戦後、米軍は世界最強の軍隊へと進化する。乏しかった兵器開発能力はナチスの科学者によって世界最高水準にまで高められ、画期的な兵器を次々と世に送り出し、アメリカの軍需メーカーは一大産業を築いていく。

ゆえにアメリカは気づかなかった。それがヒトラーの罠であったことを。ナチスの毒がアメリカの中枢を侵していたことを――。

戦後に向けたナチスの「陰謀」が、この時から始まっていたのだ。

――ハルマゲドンである。

元ナチスのターボジェットエンジン科学者ハンス・フォン・オハイン。ターボジェットエンジン開発が認められ、のちにライト・パターソン空軍基地の航空研究所所長となる

元ナチスのV2ロケット科学者クルト・デーブス。アメリカ宇宙開発の重要拠点「ケネディ宇宙センター」の初代所長は元ナチスの関係者だった

3DCGで見る ナチスの「超兵器」図鑑

世界が驚愕した ドイツ空軍

先進技術を積んだ
驚異的な破壊力を持つ
ナチス・ドイツの切り札

3DCG●後藤克典
解説●西本頑司

史上初のジェット戦闘爆撃機。また後退翼で音速越えに対応していたのも大戦期の戦闘機として非常に洗練された印象を与えている。ヒトラーはジェットによる高速性能より、そのパワーによって過積載できることから、当初、急降下爆撃に改装するよう要求していた。また初期型ジェットゆえに燃費が悪く1時間も活動できなかった。

世界初の実用ジェット戦闘機

メッサーシュミット Me262

●全長：10.60メートル
●全幅：12.70メートル
●全高：3.83メートル
●自重：4000キログラム
●最高速度：870キロメートル毎時
●航続距離：1050キロメートル
●乗員数：1名

メッサーシュミット Me163コメート

航空機史上唯一の実用ロケット有人戦闘機

高度1万メートルまでの上昇時間が3分半というすさまじい性能

コメート＝彗星の名を持つロケットエンジン搭載型戦闘機。燃料は過酸化水素とエタノールで、その爆発的な燃焼力で小型でも時速1000キロ強という異次元の高速性能を実現した。ロケットという構造上、航続距離の短さはいかんともしがたく、40キロ、8分程度しか活動できなかった。日本にも技術供与され「秋水」となった。

驚異的な上昇力と高速度を発揮

- 全長：5.90メートル
- 全幅：9.30メートル
- 全高：2.76メートル
- 自重：1900キログラム
- 最高速度：960キロメートル毎時
- 航続時間：ロケット燃焼時間7分30秒
- 乗員数：1名

メッサーシュミットMe323ギガント

翼長55メートルの巨大輸送機

●全長：28.15メートル
●全幅：55.00メートル
●全高：10.15メートル
●自重：28000キログラム
●最高速度：270キロメートル毎時
●航続距離：1100キロメートル
●乗員数：6名＋兵員120名

最大搭載量22トン 兵員160名以上を収納可能

最大輸送兵員120名、もしくは22トンの物資と現在の輸送機と遜色ない性能を持った輸送「グライダー」。当時の技術では、これだけの物資を運ぶことができなかったために機体を布と木で軽量化、グライダーにすることで実現した。牽引車が必要なために運用は限定的だった。Me323は1000馬力エンジンを6発にして「巨人（ギガント）」の異称がついたように、大戦における最大の航空機となった。

メッサーシュミットP.1101

ナチス・ドイツの第2世代ジェット戦闘機

●全長:9.25メートル
●全幅:8.25メートル
●全高:2.80メートル
●自重:2667キログラム
●最高速度:1100キロメートル毎時
●乗員数:1名

世界初の可変後退翼機を目指し開発

最初からジェットエンジン搭載を考えて開発した「ポスト大戦」型となったジェット戦闘機。ほぼ現在のジェット戦闘機に共通するデザインと機構が盛り込まれている。性能向上のため可変翼機構まであった。時速985キロと亜音速で航続距離も1500キロと、「戦後」でも十分、通用する性能を誇っていた。試作機は米軍が接収、F86セイバーのモデルとなった。

バトル・オブ・ブリテンで活躍した双発爆撃機

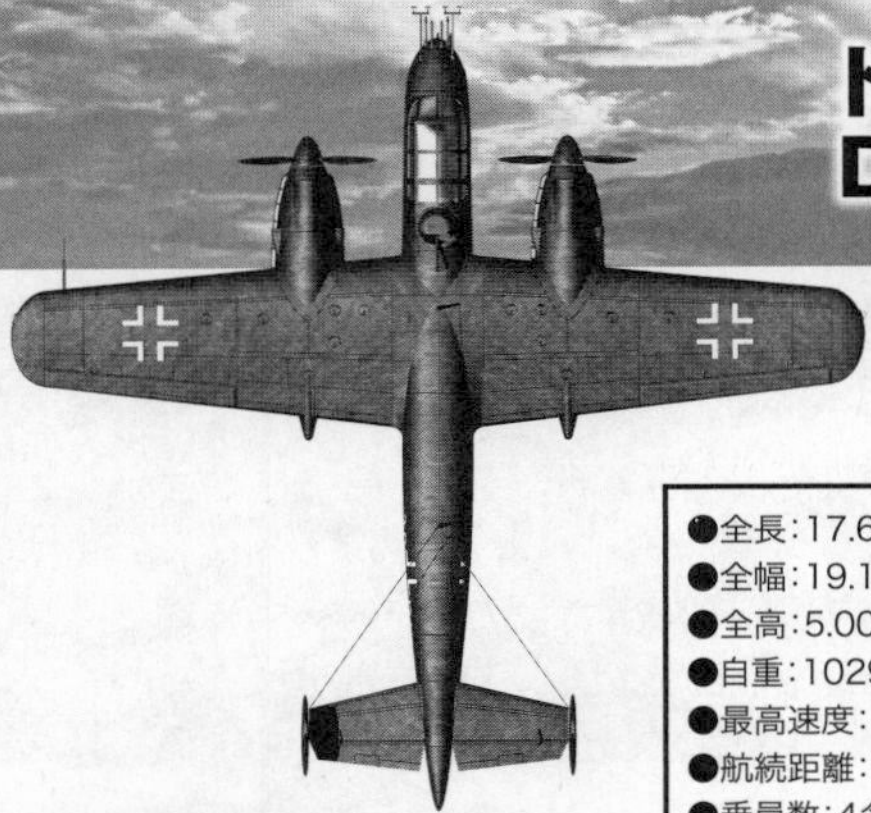

ドルニエ Do217

- ●全長:17.68メートル
- ●全幅:19.15メートル
- ●全高:5.00メートル
- ●自重:10290キログラム
- ●最高速度:500キロメートル毎時
- ●航続距離:2100キロメートル
- ●乗員数:4名

対艦誘導爆弾フリッツXで史上初の戦艦撃沈に成功

ナチスの主力爆撃機「ドルニエDo217」。1938年配備から大戦中、1905機を生産した。BMW製1500馬力超エンジンの双発。時速500キロ、航続距離2100キロ。その性能のよさからヒトラーによって急降下爆撃性能を求められた。バトル・オブ・ブリテンで活躍したが、護衛の戦闘機なしでロンドン空爆を強要されるなど不遇の傑作重爆でもあった。枢軸国側から離脱したイタリアの戦艦「ローマ」を撃沈している。

ハインケルHe177グライフ
ドイツ初の実用戦略爆撃機

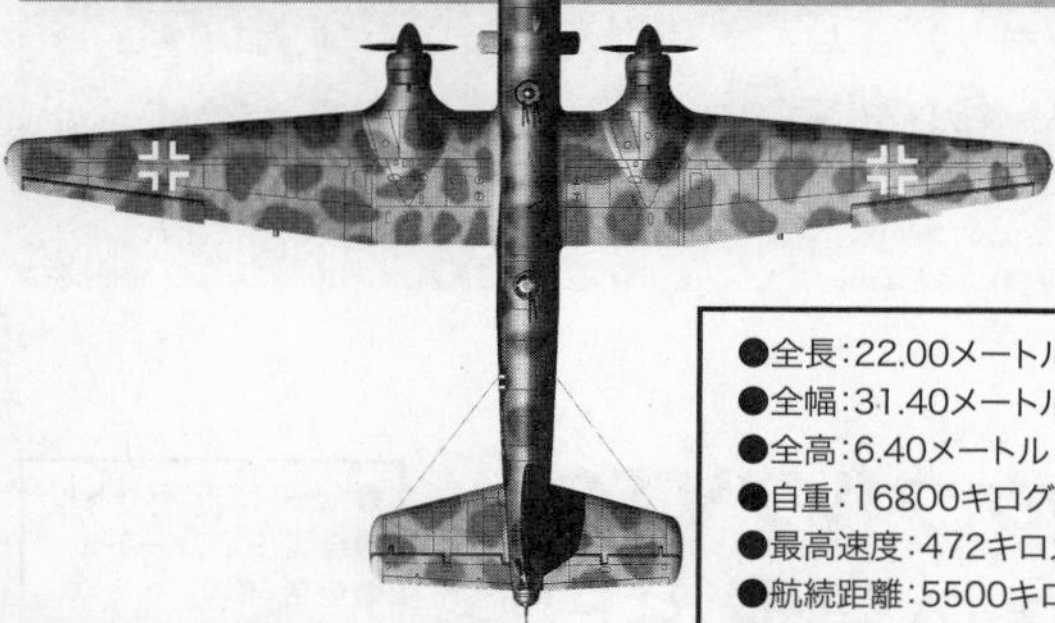

- 全長:22.00メートル
- 全幅:31.40メートル
- 全高:6.40メートル
- 自重:16800キログラム
- 最高速度:472キロメートル毎時
- 航続距離:5500キロメートル
- 乗員数:6名

6トンの爆弾を2000キロ先の目標に爆撃できる性能

ナチスの「B29」。4発エンジン搭載の長距離爆撃を可能にした戦略爆撃機。その特徴は非力なダイムラー・ベンツ製V12気筒を2基繋いで3000馬力前後をひねり出す擬似双発爆撃機という点であろう。6トンの爆弾を2000キロ先の目標に爆撃できる性能を誇った。ナチス唯一の戦略爆撃機に対してもヒトラーは急降下爆撃性能を求め、不必要なまでに機体を強化した結果、爆撃機としての性能が劣化した。1184機を生産。

フォッケウルフVTOL
ナチスの空飛ぶ円盤

●全長:12.50メートル
●全幅:9.20メートル
●全高:不明
●自重:不明
●最高速度:不明
●乗員数:1名

謎に包まれたままの垂直離着陸機開発計画

ナチスが開発した兵器のなかでも、飛び抜けて奇天烈なのが、このフォッケウルフVTOLであろう。ジェットを機体中央から三翼先端に取りつけ、それを扇風機のように回転しながら飛行する。この特殊な機構はVTOL(垂直離着陸)のためで、発想自体はオスプレイに近い。VTOLならばヘリ型で十分であり、計画は試作品で終わり、その詳細は不明のままだ。

●全長：11.85メートル
●全幅：7.95メートル
●全高：2.9メートル
●最高速度：1100キロメートル毎時
●乗員数：1名

フォッケウルフ Ta283

ラムジェットエンジンを搭載した防空戦闘機

尾翼にエンジンをつけた最高速度1100キロを目指した超高速機

1944年6月にフォッケウルフ社の技師オットー・パブストが発案。完成していれば大戦期最強の迎撃戦闘機になっていただろう。武装は30ミリ機関砲2門。ラムジェット2基に加え、後部胴体内のロケットモーターで加速、最高時速は1100キロ、マッハ0.9を記録する異次元の性能を持っていた。1944年に開発がスタートしたため、今次大戦には間に合わなかった。早すぎた傑作機だ。

アメリカ空軍の
ステルス戦略爆撃機として
50年後に復活

●全長:7.5メートル
●全幅:16.7メートル
●全高:2.81メートル
●最高速度:977キロメートル毎時
●航続距離:1900キロメートル
●乗員数:1名

ホルテンHo229
50年先を行っていたステルス機の原型

史上初の全翼機。要は翼だけの機体でSTOL(短距離離着陸)性能と軽量ゆえの高速化といったメリットがあり、非力だったジェットエンジン初期段階では最適解と考えられていた。しかし機体が不安定で設計が難しくナチスのみで研究開発が進んでいた。試作機は米軍が回収。50年後の1989年、アメリカ空軍のステルス戦略爆撃機「B2」となって復活した。

ヘンシェルHs293

世界初の動力つき誘導爆弾

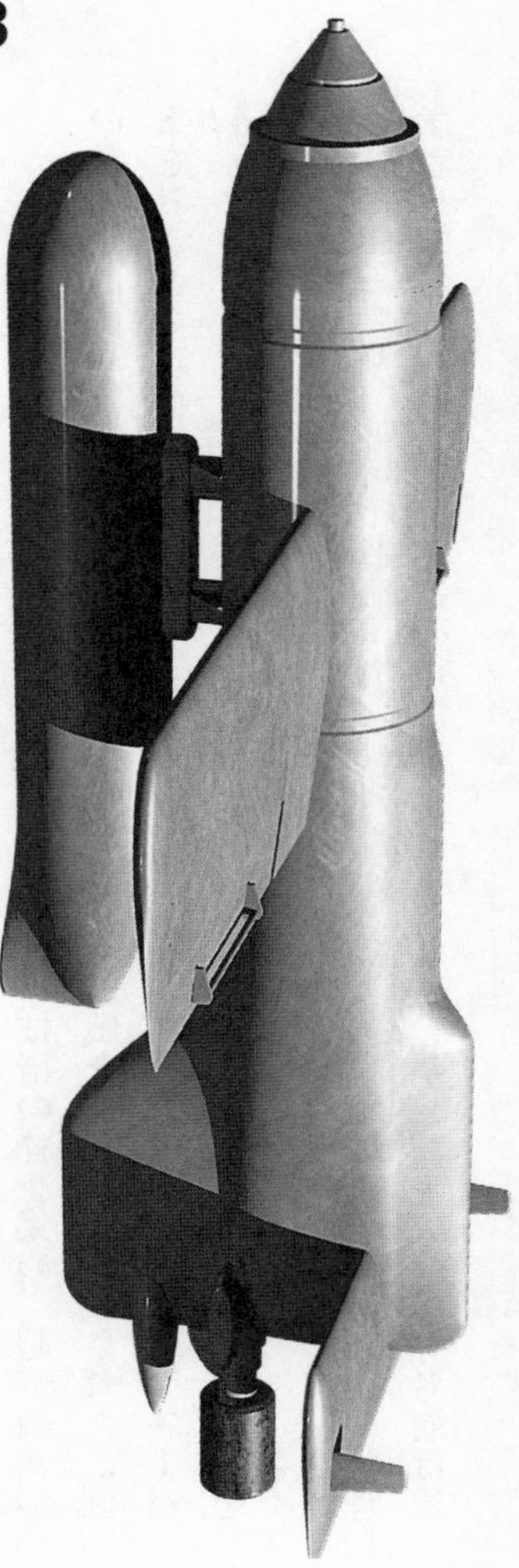

ドイツ空軍が撃沈した敵艦船の40パーセントはヘンシェルHs293を使用

世界初の誘導ミサイル。爆撃機で牽引、照準担当者がジョイスティック（誘導装置）を操作する。ロケットモーターで加速後、グライダー滑空しながら目標を攻撃する。対艦ミサイルとして1942年以降1000基を配備、イタリアの戦艦「ローマ」撃沈をはじめ多大な戦果を上げた。海上戦力の乏しかったナチスは、海のUボート、空の誘導ミサイルで敵海上勢力を叩こうと考えていたのだ。テレビ誘導型（無人誘導）も開発に成功していた。

●全長：3.58メートル
●全幅：3.14メートル
●自重：785キログラム
●最高速度：725キロメートル毎時

大陸間弾道ミサイル、宇宙爆撃機、音波砲、殺人光線、ムカデ砲……

実現すればナチスが勝者に！SF顔負けのスーパー・ウェポン

取材・文●金崎将敬

間に合わなかった原子爆弾と大陸間弾道ミサイル

ナチス・ドイツは第2次世界大戦中、当時の科学技術の粋を集め、超ド級兵器の数々を計画した。その多くは実現することなく終戦を迎えたが、残された計画案をみると、現代でも通用する兵器がある一方で、SFに出てきそうなスーパー・ウエポンもある。ここでは、実現しなかったナチス・ドイツの超ド級兵器をいくつか紹介しよう。

1939年頃、ドイツ国防軍は、ドイツならびに占領地域からユダヤ人の物理学者を徴用し、原子爆弾製造の可能性を討議した。しかし、ナチス指導者層は原子爆弾にほとんど関心を示さず、ヒトラーにより「ユダヤ的物理学」として、原子爆弾製造の提案は退けられている。結果的には、100名未満の科学者と技術者が1000ドル相当という低予算（現在の約2億円）で原子炉の開発を行うことになったが、1944年後半には、計画途上で断念した。

世界初のICBM（大陸間弾道ミサイル）構想もあった。第2次世界大戦中、ロンドンに1000発以上も撃ち込まれた弾道ミサイルのV2（旧称A4）は、ナチス・ドイツが生んだ兵器のなかでも最高傑作と呼ばれる兵器だが、それをさらに上回る超兵器がA9／A10ロケットである。これはV2を少し改造したA9ロケットを、巨大な液体燃料ブースターロケットであるA10の上に載せた2段式ロケットであり、最大射程5000キロという当時としては超ド級の性能を目指していた。計画通りに開発されたなら、アメリカ本土まで届くことから「アメーリカ・ラケーテ（Amerikarakete＝アメリカ・ロケット）」と呼ばれている。

大気圏外からアメリカ本土にまで到達する宇宙爆撃機

オーストリア生まれのロケット工学者オイゲン・ゼンガー博士が考案した「ゼンガー計画」では、爆撃機を大気圏外まで打ち上げる宇宙爆撃機が構想された。具体的には全長3キロにも及ぶモノレール状のロケット式加速装置を用いてマッハ1・5まで加速して爆撃機を射出し、大気圏外へ出てからは、大気との摩擦を利用してスキップするように飛行して飛行距離を稼ぎ、アメリカ本土に到達するというものだ。

ナチス・ドイツの奇妙な兵器群には、音波で敵を殺傷するものもあった。リヒャルト・ヴァラウシェク博士が開発した「音波砲」である。これは、2種類のガスが連続して爆発を起こして発した音波をパラボラ状の反射鏡でビーム状に発射するもので、大きなものでは直径3・3メートルの大きさがあった。一説には50メートル離れた人間を30秒ほどの照射で殺すことができ、それより離れている場合でも苦痛を与えるのに十分だったという。ただし、実際の人間を使った使用試験や実戦運用は行われていない。

　さらに「殺人光線」の本格的な研究もしていたようだが、実態についてははっきりしない。ナチスの軍需大臣やUボートの艦長などが殺人光線の話を耳にしていたと証言しているが、その詳細は明らかでなく、それがどのようなものかもわかっていない。この大戦のさなか、実は日本も殺人光線の開発に取り組んでおり、これは電磁波を用いたものであったようだ。おそらく、ナチスの殺人光線もその類のものだったのではないか。

A9／A10は、V2を改造したA9ロケットを、巨大なA10ロケットの上に載せた2段式ロケット。最大射程は5000キロとされる

ロンドンを火の海にする「ムカデ砲」攻撃

　ナチスは、誘導弾の開発にも力を入れていた。V2ロケットに代表される優れ

た性能のロケット兵器が多数開発され、ターゲットへ確実に着弾させるため、無線操縦装置など様々な誘導方法が試みられた。空対空ミサイルの「ヘンシェルＨｓ２９８」はジャイロによる姿勢制御により無線誘導される仕組みだったが、これは実戦で使用されることなく終戦を迎えた。

そのほか、赤外線誘導装置による自動誘導を行う地対空ミサイル「Ｃ２」、ミサイル先端にテレビカメラを搭載して攻撃目標を映し出すシステムなど、現代のミサイル誘導技術に匹敵する仕組みも研究されたが、いずれも実戦で用いられることはなかった。なお、Ｕボート関連では、敵艦船のエンジン音を感知

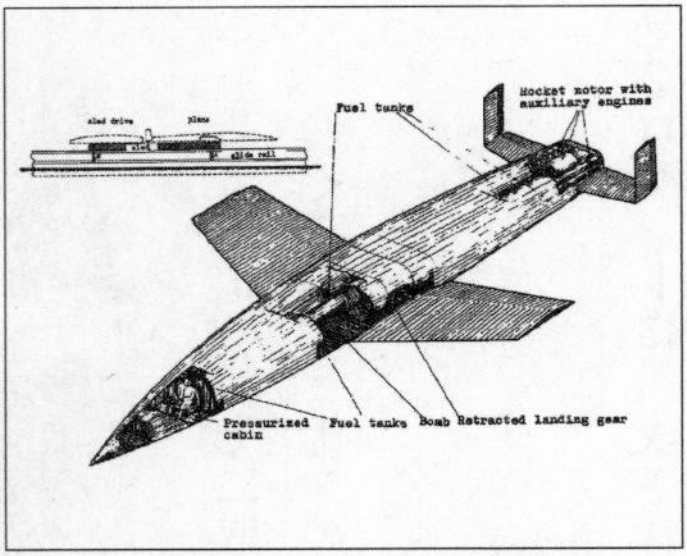

オイゲン・ゼンガー博士（左）考案の「ゼンガー計画」では、爆撃機を大気圏外まで打ち上げ、大気の摩擦でスキップさせて飛距離をかせぎ、アメリカまで到達させる宇宙爆撃機が構想された

して追尾する「ホーミング魚雷」なども開発されていた。

また、ナチス・ドイツは、連続発火で砲弾を加速する長距離ロケット砲（高圧ポンプ砲）の開発も試みており、これを「報復兵器V3号」と呼んでいた。これは、150メートルの砲身の数メートルごとに横枝がついていて、その枝それぞれに爆薬がセットされている。ロケット弾が発射されると、各枝の爆薬が順に爆発して弾丸を劇的に加速させるのだ。

その姿から「タウゼントフスラー（ムカデ）砲」の異名を持つこの兵器は、

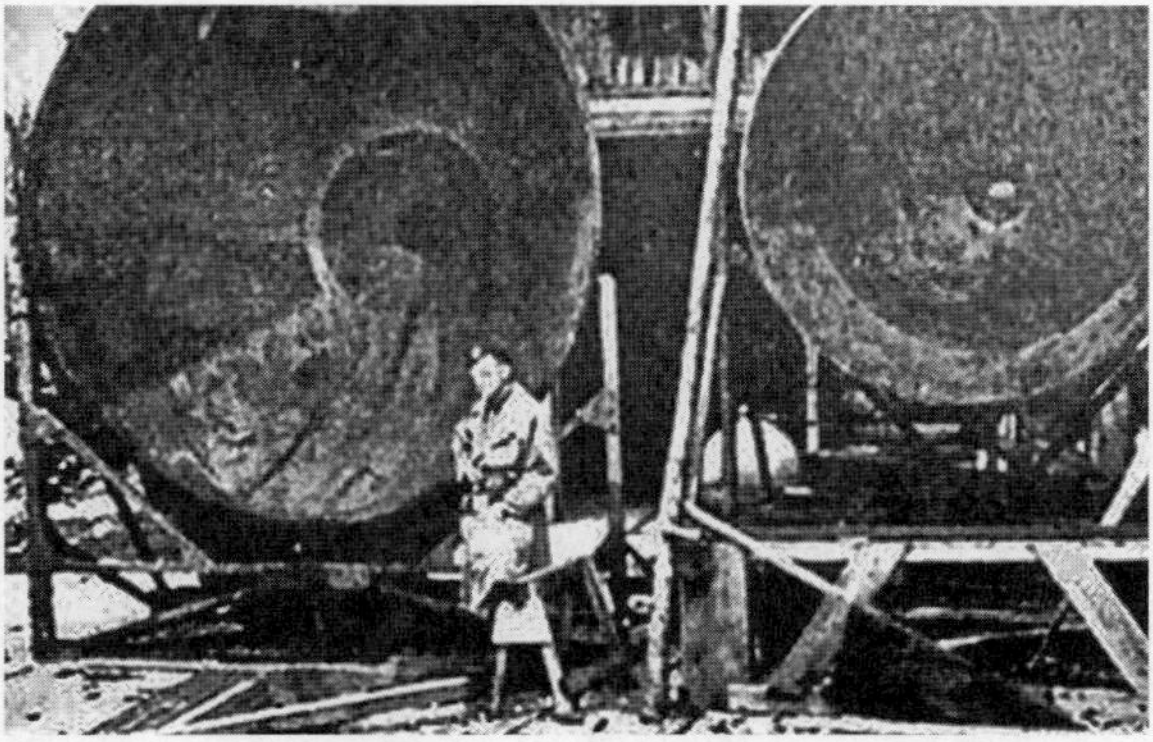

音波砲は、50メートル離れた人間を30秒ほどの照射で殺すことができたという。人体実験も実戦投入もなされなかったが、それでも恐ろしい兵器であることは間違いない

発射初速毎秒1500メートル、射程150キロというもので、計画ではドイツ占領下のフランスで秘密裡につくられた地下基地からロンドンへ撃ち込むことになっていたが、その動きを察知したイギリスは基地を爆撃し、それを破壊した。

開発がうまくいけば、戦況を大きく変えていたかもしれないのが、ステルス技術だ。Uボートはエンジンを動かすための空気を取り入れるシュノーケル設備により、長時間の航行を可能にしていた。これは、当時としては画期的な技術だったが、特筆すべきは、シュノーケルの海上部分がレーダーで探知されるのを防ぐ

空対空ミサイルの「ヘンシェルHs298」はジャイロによる姿勢制御によって無線誘導されて敵機へ飛んでいく仕組みだった。ただし、これもまた実戦で使用されることなく終戦を迎えることになる

ために、レーダー電波吸収剤でコーティングされていたことだ。

これは事実上のステルス技術であり、90パーセントもの電波を吸収したといわれている。歴史に〝イフ〟はないが、この技術が航空機に応用されていたなら、ナチスにも勝機が訪れていたかもしれない。

無線誘導地対空ミサイル「ヴァッサーファルC2」。やはり、試験中に終戦となり、実戦投入されることはなかった

「報復兵器V3号」あるいは「タウゼントフスラー（ムカデ）砲」は、発射初速毎秒1500メートル、射程150キロの超性能を誇った

大戦末期の乏しい資源と資産をすべて注ぎ込んだ技術開発

ヒトラーが固執したV2ロケットの謎

取材・文●西本頑司

管理が異常なまでに難しく値段が高すぎる「V2ロケット」

なぜ、ヒトラーは「V2ロケット」に固執したのだろうか。実はナチスにおける最大の「謎」は、この点にある。

たしかにヴェルナー・フォン・ブラウンによるV2ロケットの技術は素晴らしかった。当時の技術水準でいえば20年先の「オーパーツ」と言っていい。

液体ロケットは技術自体、それほど難しくはない。酸化剤（液体酸素）と推進剤（エタノール混合液）をノズルから噴出して火を点けるだけ。1900年頃には実験が始まり、1926年には「ロケットの父」ロバート・ゴダードが打ち上げに成功している。

しかし液体ロケットを兵器に転用すれば途端に難易度が高くなる。

昨今、北朝鮮が弾道ミサイルの発射を繰り返している。しかし、このミサイル自体、たいした軍事的脅威はない。通常弾頭の場合、せいぜい、２トンから４トンの間の爆弾だ。サッカー場ぐらいの広さを完全破壊する威力はあり、人口密集地に落ちれば甚大な被害になろう。だが山や田んぼならば人的被害ゼロとなる可能性も高い。弾道ミサイルは核弾頭や化学兵器といった大量破壊兵器とセットでなければ軍事的には無意味なのである。

実際、Ｖ２ロケットは１トン爆弾クラス。日本を焼け野原にしたＢ－29のほうが、はるかに大きな被害を与えられるのだ。Ｖ２ロケットを何千発と撃ち込もうとロンドンすら破壊できまい。しかも管理が異常なまでに難しい。液体ロケットは酸化剤に液体酸素を使う。巨大な冷蔵庫つきの特殊なタンクローリーが必要となる。酸素は酸化還元力が強く、いったん注入すればタンクが錆びて飛行中の衝撃で爆発しやすくなる。

なにより値段が高すぎる。この時代の主力戦闘機の価格は、現在でいえば高性能スポーツカーと同じ2000万円ぐらいだった。ところがV2は20億円以上。F1などのレーシングマシンと同じく部品点数も多く、その部品の製造と組み立てには高い精度が要求される。少しでもミスがあれば即爆発するためにV2の発射成功率は5割に満たない。むしろ、この時代にしては驚異的な成功率であり、他国ならば1割どころか、まず、完成することすらあるまい。そのくらい隔絶した技術の塊であったのだ、値段が高いのもうなずけよう。

ヒトラーの命令でナチスは第2次世界大戦末期の乏しい資源と資産をすべてV2に注ぎ込んだ。それがナチスの敗戦を早めたぐらいだ。

V2は「原爆」とセットで最大の効果を発揮

ヒトラーがV2にナチスの命運を託していたのは間違いあるまい。

だからこそ疑問となるのが、敗戦濃厚になりながら「V2の隠蔽《いんぺい》」に動かなかったことだ。その気になればフォン・ブラウンなどの研究者、技術者、工場、研究資料をすべて「破棄」することができたはず。それを一切せず連合国に奪われるのに任せていた。

この矛盾からヒトラーの陰謀が浮かんでくる。

ロケットは「原爆」とセットになったとき、最大の効果を発揮する。実際、アメリカの原爆投下はB－29で行われたが、これも制空権を完全に握ったうえでパンプキン爆弾を何度も投下してカモフラージュした。投下前に撃墜される可能性も少なくなかったのだ。核兵器が脅威となるには、大陸を越えて核兵器を確実に命中させるV2のロケット技術が不可欠だったのである。

また原爆の開発は、ロケットより難易度は低い。原爆開発の最大のネックは「今次大戦に間に合うか」にあった。旧日本軍でさえ「10年あれば完成する」と見込んでいた。ソ連も1949年に核開発に成功している。

優先すべきはロケット技術なのだ。事実、ソ連ではV2ロケットの存在によって1950年代の時点で核弾頭を搭載したICBM（大陸間弾道ミサイル）が完成した。

いくらアメリカが圧倒的に強いといっても、ソ連がICBMを持てば、おいそれと戦争をすることはできない。独ソ戦でボロボロになりながら、冷戦時代ソ連が東側の盟主となりえたのは、ヒトラーが気前よくばらまいたV2ロケットの技術のおかげなのである。

米ソの2大超大国が核兵器を搭載した弾道ミサイルを持てば、当然、相手を確実に滅ぼすべく核の軍拡競争が加速する。そうして戦後の世界は核戦争の危機が高まっていった。

ヒトラーのドイツは、「ナチス第三帝国」と呼ばれていた。この「第三帝国」の意味は、聖書の黙示録、「最後の審判」のあとに訪れる理想国家のことだ。ヒトラーは、V2ロケットによって米ソ冷戦をつくり上げ、最後の審判という名の「全面核戦争」を引き起こそうと狙っていたのだ。そして生き残ったナチスの残党によって真の第三帝国を築く。そう考えれば、核戦争の被害がもっとも少ない南米にナチスの残党が集まっていたのも偶然ではあるまい。この「陰謀」を裏づける証拠の一つとなろう。

宣伝大臣ゲッペルスは、このV2ロケットに「報復兵器」(Vergeltungswaffe)と名づけた。最初から核兵器による「相互確証破壊」の意味が込められていたのだ。

ナチス・ドイツ「超兵器」の代名詞となってきたV2ロケット。1944年から3500発が発射。打ち上げは5割近い成功率を誇った

V2で「全面核戦争」を起こすためにはV1の活躍は無用

V1飛行爆弾を切り捨てたヒトラーの陰謀

取材・文●西本頑司

軍事専門家はV1を傑作兵器として高評価

アドルフ・ヒトラーは、戦後、米ソによる全面核戦争を引き起こす陰謀を持っていた。そのためにナチスの科学力を結集して「V2ロケット」を生み出した。

この陰謀の実在性を証明しているのが「V1飛行爆弾」である。このV1、ナチスの兵器のなかでも飛び抜けて評判が悪い。ぶんぶんとうるさい音を立てる安っぽさ。技術的に低次元な「パルスジェット」推進。ジェットとは名ばかりの速度の遅さ。その結果、ロンドンを攻撃しても次々とRAF（イギリス空軍機）に撃ち落とされていく。こうしてヒトラーからも見放され、予算の大半はV2に回される。これがＶ１の評判であろう。

ところが軍事専門家たちの評価はまったく違う。Ｖ１はＶ２よりははるかに優れた傑作兵器として高い評価を受けているのだ。

日本人からみれば複雑であろう。このＶ１飛行爆弾は「無人の神風特攻隊」と言っていい。この技術があれば、いったい、どれほどの日本兵の命が救われただろうか、と。

なによりＶ１の根幹は、その誘導技術にある。機械式のジャイロスコープで方向を設定、高い精度で目的地まで誘導できた。パルスジェットも機構が単純で故障が少なく、製造もしやすかった。値段も安くＶ２にくらべて10分の１。つまり主力戦闘機と変わらない２０００万円程度だったのだ。

もともと無人の誘導弾である。戦術的な価値も高い。Ｖ１は時速６００キロ前後ゆえに敵戦闘機に打ち落とされることが多かった。しかし戦闘機を相手にする必要はない。攻め込んできた敵上陸部隊や野戦部隊や拠点攻撃という現在の巡航ミサイルのように使えばいい。実際、アメリカは鹵獲《ろかく》したＶ１をフルコピーして日本への攻撃用に1000発をつくっていた（終戦により未使用）。戦後のトマホークなどの巡航ミサイルは、このV1をモデルに開発したぐらいで、兵器として優れていることがわかるだろう。

もっと言えば性能の悪さも簡単に改造できたはずなのだ。事実、ナチスは第2次世界大戦末期、V1用のパルスジェット2基を使った、メッサーシュミットMe328をつくっている。この機体は最高時速800キロを記録した。V1も2基搭載型にすればロンドン爆撃の成功率も跳ね上がっていたことだろう。また、爆弾部分を小さくして大型爆撃機に搭載する誘導ミサイルとしての使い道もあった。旧日本軍の「桜花」の無人版としても使えたはずなのだ。

V1は1942年に開発が始まり、1944年9月に実戦配備されたが、実は本格的に開発してから、わずか半年で完成していた。同時期、開発の始まったV2の邪魔がなければ、もっと早く実戦配備できていたのだ。パルスジェットが完成すれば、当然、時速800キロを超えるMe328も早期に登場し、ドイツの防空体制に大きく寄与したことだろう。

V1を欠陥兵器としてV2に固執したヒトラー

ナチス・ドイツ、いや、ヒトラーが戦争で勝利することを真剣に考えていたならば、V2ではなくV1を選択しなければならなかった。

にもかかわらず、ヒトラーはV1を欠陥兵器として切り捨てV2に固執した。無能といえばそれまでだが、ここに隠された陰謀の存在があるわけだ。

その証拠にヒトラーはV1が活躍しないよう細心の注意を払っていた。第2次世界大戦で使う兵器としてV1は非常に優れていた。このV1が活躍すれば、当然、V2への風当たりは強くなる。開発延期どころか中止になっても不思議はない。だからこそV1を絶対に活躍させないよう改良型もつくらせなかったのだ。

とはいえV2の戦果はかんばしくない。そこでヒトラーはV2の価値を上げるべく、V2をベースにしたミサイル兵器の開発を命じている。「ヴァッサーファル」である。V2を小型にした地対空ミサイルで赤外線誘導システムを導入、近接信管を備え、戦後、アメリカで開発された「ナイキ」よりも高性能だった。酸化剤に液体酸素ではなく硝酸を使用したことで開発が容易となり、1943年には完成していた。惜しむらくは工場の爆撃で配備計画が遅れ、ほとんど戦果らしい戦果はなかった。ヴァッサーファルは、ミサイル兵器としては戦後、V2以上に評価され、旧ソ連のスカッドミサイルの原型になっている。

また、V2の有効利用としては「Uボート計画」があった。これはV2ロケットを防水格納筒（コンテナ）に入れてUボートで牽引、沿岸から都市を攻撃するという計画である。現在で言うSLBM（潜水艦発射弾道ミサイル）となる。

先のヴァッサーファルやUボート計画にせよ、V1でも十分、代用できる。この傑作兵器を頑《かたく》なまでに認めなかったヒトラー。「全面核戦争」の陰謀は、ますます信憑性が高まってくる。

V2の陸軍に対してV1はドイツ空軍が開発した。制式名は「フィーゼラーFi103」。巡航ミサイルの先駆的な存在だが、ナチスでは、その真価が発揮できなかった不遇の兵器

ニューヨークが核の炎で焼き尽くされた可能性

ナチス・ドイツのアメリカ本土〝爆撃〟計画

取材・文●金崎将敬

ヒトラーの肝入りで進行したアゾレス諸島の爆撃機基地建設

ナチス・ドイツは、アメリカ本土を爆撃するための長距離爆撃機の開発を行っていた。必要とされる飛行距離は片道約5800キロ。超空の要塞と呼ばれ、第2次世界大戦末期に日本本土を爆撃したアメリカのB-29は7トン超の爆弾を搭載した状態で6600キロだというから、往復で1万キロを超える飛行距離がいかに難題かということがわかる。

3機の試作機が製造されたメッサーシュミットMe261は飛行距離が1万キロを超えていたが、これはあくまでも洋上偵察機であり、大量の爆弾を積むことはできない。

なお、余談だが、1940年に開催が予定されていた東京オリンピック（開催権返上のため未開催）のために、メッサーシュミットMe261でドイツから日本へ聖火を運ぶことも検討されていたという。

さて、アメリカ本土を爆撃可能な爆撃機の開発計画は、1940年から1941年にかけて、ヒトラーを交えた討議によって決定され、そこでヒトラーは長距離爆撃機をポルトガル領アゾレス諸島へ置く必要があると述べている。

これは当時、第2次世界大戦における中立国であったポルトガルがドイツのUボートと軍艦の燃料補給拠点としてアゾレス諸島の利用を認めていたからだ。アゾレス諸島はポルトガルの西方約1200キロの大西洋上に浮かぶ島々であり、ここからアメリカ本土までは3700キロほど。そこで、ここから出撃できるとなれば、アメリカ本土爆撃へのハードルはグンと低くなる。

しかし、ここが軍事的要衝であることは、連合国側も当然承知しており、1943年以降は、アメリカの圧力により連合国側の航空機基地として使用されることなった。つまり、ナチス・ドイツ側としては逆手を取られた格好となったわけだ。

仮に、ナチス・ドイツがアゾレス諸島の中継基地化に成功していた場合、この計画で実際に製造されたユンカースＪｕ３９０とメッサーシュミットＭｅ２６４（試作機）、さらには従来機のＪｕ２９０も、５～６・５トンの爆弾を搭載してアメリカに到達可能であったため、実行されていたなら歴史は大きく違っていただろう。

なぜなら、アメリカ本土への空爆が可能となれば、アメリカは自国の対空防御に注力しなければならず、結果、イギリスへの支援が手薄になるからだ。

ナチス・ドイツが優先的に空爆の目標としたのは、主に航空機の部品を生産している工場であり、これによりアメリカの航空機製造を食い止めることが目的だった。

爆撃機を別の飛行機が肩車してアメリカまで運ぶ

アメリカ本土爆撃計画に基づいて実際に製造された爆撃機、メッサーシュミットMe264、ユンカースJu390。このうち量産化が決定したのはJu390で、2機の試作機が生産されている。このJu390は1944年前半に大西洋横断飛行を行い、アメリカの沿岸まで20キロの至近距離まで飛行したとされるが、事実かどうかは不明だ。

アメリカ本土爆撃計画には、新型の長距離爆撃機を開発する以外に、既存の爆撃機を使用する案もあった。飛行距離が足りないものをどうやってアメリカ本土まで運ぶかというと、爆撃機を別の飛行機が肩車してアメリカ沿岸手前まで運び、そこで切り離すというのである。

一見、無理筋の案に思えるが、スペースシャトルの輸送をジャンボ機で行う「ピギーバック輸送」が実際に実施されていることからも、それは決して夢物語ではない。

アメリカ爆撃計画では、ハインケルHe177でドルニエDo217を運搬する案があり、その際、Do217は片道飛行の使い捨てを予定していた。

この計画では、乗組員は近海で待機させたUボートによって回収されることになっていたが、フランス・ボルドー基地の喪失によって必要な飛行距離が伸びすぎてしまったこと、ドイツ海軍の協力を空軍が得られなかったこと、燃料不足などの理由から、結果的には計画倒れとなった。

なお、この計画はいったん放棄されたあと、原子爆弾を運搬する手段として再度、脚光を浴びた経緯がある。となれば、もしナチス・ドイツが原子爆弾の開発に成功していたなら、多少の犠牲は払ったとしても、この計画は実行に移されていたに違いない。ニューヨークやワシントンD.C.は核の炎で焼き尽くされ、第2次世界大戦の結末は変わっていただろう。

そのほか、6発のジェットエンジンを動力とする全翼機や、弾道ミサイルV2を2段式、3段式にしたロケット、あるいは、いったん宇宙空間まで上昇してから降下する宇宙爆撃機なども計画されたが、いずれも時間と資源、資金の不足により頓挫している。

長距離爆撃機ユンカースJu390には日本陸軍航空隊も興味を示し、1944年に日本政府が製造権を獲得している

ハインケルHe177はドイツで実用化された初の戦略爆撃機。機体表面の蒸発冷却機構や遠隔操作の銃塔、連結エンジンなどの新技術が投入されたが、初期の機体は多くの問題点を抱えていたという

虐殺、拉致監禁、人体実験……ナチスのダーティワークを担当

親衛隊、武装親衛隊を悪魔の手先に変えるナチスの施策

取材・文●西本頑司

ナチスの汚れ仕事担当親衛隊と武装親衛隊

ナチス・ドイツの「異常性」を端的に示すのが、NSDAP（国民社会主義ドイツ労働者党、ナチ党）の私設警察組織「親衛隊（SS）」と私設軍隊「武装親衛隊」の存在であろう。近年の日本に置き換えれば、自民党総裁（当時）の故・安倍晋三に忠誠を誓う自民党所属の「私設警視庁」と「私設自衛隊」が存在しているようなもの。しかもナチスの武装親衛隊は、最大兵力90万人を誇っていた。当時でさえ、なまじの国家軍よりはるかに強力な軍事組織であったのだ。

親衛隊と武装親衛隊は、当初、「金髪碧眼」のアーリア系のゲルマン民族にか

ぎられていた。

言うまでもなくナチスの犯罪行為には、これらの組織が深く関わっていた。ユダヤ人の虐殺のみならず、その拉致監禁、さらに強制収容所における人体実験、囚人を使った過酷な強制労働、その管理と運営は、基本的に親衛隊と武装親衛隊の役割だったからである。言うなればナチス・ドイツの「汚れ仕事」（ダーティワーク）を一手に引き受けていたのだ。それゆえに戦後のナチスの戦犯裁判では、真っ先にターゲットになった。

とはいえ、彼らだって元は善良な人物だったはず。それが、なぜ、悪魔のごとき所業を平然と行えるようになったのか。ここにナチスの悪辣《あくらつ》な手口があった。

――ホモ行為、である。

ヒトラーはゲルマン民族を最高位とするアーリア人による優秀な民族の復興を訴えていた。そのために俗に「アーリア人牧場」と呼ばれる施設までつくっているのだ。それが「レーベンスボルン（生命の泉）計画」である。立案したのは、SS長官ハインリヒ・ヒムラー。親衛隊の管理の下、レーベンスボルンは、優秀なアーリア人を増やすための「交配施設」となった。1944年には産院と交配施設は13カ所あり、レーベンスボルンで〝生産〟された子供たちは約4万人にものぼった。さらに親衛隊は、新たな種馬と繁殖用牝馬として占領地などから次々とアーリア系の12歳から14歳までの少年少女を実に20万人以上連行したといわれている。

さて、この状況下でナチス親衛隊や武装親衛隊の隊員がホモ行為にふけったら、いったい、どうなるのか。ヒトラーはキリスト教神学に傾倒していた。キリスト教の聖書には「男色をした人物は殺してしまえ」とある。当然、ヒトラーはホモ行為を禁じ、発覚した場合は断種、さらに死刑までありえたほど厳しい処置を取っていた。

その一方で親衛隊や武装親衛隊では、出世や栄達のために部隊内でのホモ行為が要求されていた。もともと軍隊は上官の命令が絶対だ。その上官がホモ行為を強要してきた場合、おいそれと拒絶できるものではない。逆に受け入れると出世に繋がる。結果、ホモ行為に応じる隊員は増える。この繰り返しによってナチス親衛隊と武装親衛隊は、事実上のホモ軍隊となっていったのだ。

ホモ行為に応じた部下はどんな残虐行為も平然と

とはいえホモ行為が「公」になれば、一発で粛清となる。数々の特権と特別待遇を受ける身から、堕落者として抹殺されてしまうのだ。それだけに上官の命令は絶対となる。ホモ行為に応じた部下はどんな残虐行為も平然と行うようになる。こうして悪魔の軍事組織をつくり上げたのが、ナチスなのである。戦局が悪化した第2次世界大戦末期にかけ、被害の大きかった武装親衛隊は占領地などから非ゲルマン系でも積極的に採用、6割以上が非ゲルマン系になっていく。

これにも理由がある。戦局が悪化するや、ナチスは新兵器を次々に開発、その新兵器を武装親衛隊に優先して配備する。別に優遇措置ではない。ドイツ国防軍が新兵器の配備を嫌がっていたからなのだ。

新兵器の多くは、たいした実証試験も行わず現場に持ち込まれていた。当然、初期不良や予期せぬ故障も多くなる。故障を直そうにもパーツはなく、整備兵た

ち も直し方を知らない。兵器の故障は命に直結する。生粋の軍人ほど新兵器を嫌がるものなのだ。

そこで武装親衛隊である。非ゲルマンが増えたことで、ヒトラーは容赦なく非ゲルマン系の隊員に新兵器を与え、兵器の性能実験に当たらせる。もともと、使い潰す予定で非ゲルマン系の隊員を採用していたわけだ。

ナチスの超兵器、新兵器の数々は、「戦場」という最高の実験場所で実証試験を行い、コンバットプルーフ（実戦証明書）がついた。どんな画期的な兵器であろうと「実戦証明」がなければ価値は下がる。ナチスの新兵器は、非ゲルマン系の隊員の「命」によって宝の山に替わったのだ。この「エサ」に食いついたのは、何度も紹介したように米軍である。

いずれにせよ、隊員になれば、真っ先にホモ行為を強要され、悪魔の手先となり、命懸けの兵器実験にかり出され、運よく生き残ったとしても戦犯裁判が待ち構えている。

彼らはナチス犯罪の加害者であり、犠牲者でもあったのだ。

ヒトラーユーゲント。次世代のナチスを育成すべく戦災孤児を引き取って「洗脳」したナチス

ヒトラーが開発を指示した最高傑作！

敵兵を恐怖に陥れた最強兵器「ヒトラーの電気のこぎり」

取材・文●西本頑司

兵器開発の最前線にいたナチス唯一の弱点

画期的な兵器をつくってきたナチス・ドイツだが、実は唯一の弱点があった。自動小銃である。

軍隊にとってもっとも基本の歩兵の火力が不足していたのだ。ナチスは終戦まで1935年に開発したＫａｒ98ｋというボルトアクション式の旧式小銃を使っていた。1942年以降、ラインメタルＦＧ42、ワルサーＧｅｗ43などの自動小銃化を進めたが、複雑な機構によって製造コストが高く故障も多かった。そのため最後まで親衛隊や武装親衛隊に配備された程度の少量しかなかったのだ。

なにより致命的だったのは、ナチス・ドイツ最大の敵ソ連が自動小銃の分野で「世界一」であった点であろう。のちに「世界でもっとも人を殺した大量殺戮兵器」と呼ばれるカラシニコフAK‐47を開発したように、ソ連は自動小銃に関しては常に世界一の技術を誇っている。第2次世界大戦中もセミオートのトカレフM1940、大戦末期にはフルオートのシモノフSKSカービン銃を実戦投入、ソ連製らしく頑丈で故障に強かった。ドイツが圧勝すると思われながら独ソ戦線が泥沼化したのも、この歩兵火力の差が大きな要因であったのだ。

軽量化とコスト削減で生まれたナチス・ドイツ軍の救世主

この弱点を補ったのが「ヒトラーの電気のこぎり」だ。正式名称はグロスフスMG42、汎用機関銃として戦後も活躍したほどの傑作機関銃である。ベースとなったラインメタルMG34は、性能こそよかったが、やはり複雑な機構と製造コストの高さがネックとなっていた。

そこでヒトラーは「機構の簡素化」と「製造コストの削減」を命じる。それがグロスフスMG42なのだ。重量は12キロ。個人での持ち運びが可能なうえ、その威力は小銃など比ではなかった。飛行機さえ撃ち落とせる高威力と長い射程があり、軽車両を軽く破壊できた。つまり小銃の火力不足を補ってあまりある救世主であったのだ。ちなみに異名の由来は改良過程で機構を簡素化した際、なぜか電動のこぎりのような大きな音が出るようになったため。結果的には、この音が聞こえると敵兵が震え上がった。まさに「戦場のジェイソン」だ。

同様に独ソ戦の救世主に天才ポルシェ博士による軍用車「キューベルワーゲン」がある。エンジンを後輪の上に配置、人が前輪の上に乗ることで最適な重量バランスを実現。小型エンジンながら高い走破性を誇った。意外なことだが、ナチス・ドイツは歩兵の機械化（自動車化）が遅れており、物資の補給に依然、馬車まで運用していた。その貧弱な移動力を支えていたのがキューベルワーゲンなのだ。戦後、民生品となったワーゲン・ビートルが世界を席巻したのも偶然ではない。隠れた傑作品なのだ。

また、独ソ戦の必殺兵器となっていたのが「パンツァーファウスト（戦車を拳で殴るという意味)」。個人携帯用の対戦車兵器として150万個を大量生産した。要するに爆弾を筒で発射する単純な兵器だが、その効果は絶大だった。しかし、標的を外して誤爆した場合の被害が大きく、また、製造過程での事故も頻発したため、製造を担当した捕虜を含めて「味方殺し」との異名を持つ。ベルリン攻防戦では最後に国民に渡された「ナチスの竹槍」でもあった。

グロスフスMG42は汎用機関銃。個人が持ち運びできるよう重さは12キロだった。個人携帯火器としては最高の威力があった

選手はゲシュタポに逮捕され収容所送り

「ドイツに勝ったら処刑」ナチス〝悪夢〟のサッカー試合

取材・文●高江宏孝

ナチス占領下のウクライナで行われた「ドイツ空軍vsスタルト」戦

「サッカー史上最悪の試合」といえば、なにを思い浮かべるだろうか。1985年、サポーター同士の暴力行為から群集事故が起き、400人以上が死傷した「ヘイゼルの悲劇」など有名な事件は多いが、サッカー史上最大の悲劇は、第2次世界大戦のさなかに起こっていた。

舞台は、当時ソ連を構成する共和国だったウクライナの首都キエフ。1941年6月に「バルバロッサ作戦」を発動したナチス・ドイツがウクライナに侵攻すると、ドイツ電撃戦の勢いはすさまじく、開戦から4カ月でキエフは陥落した。

首都を掌握したナチスは、先に占領したポーランド同様、この地でも大虐殺を開始する。ユダヤ人をはじめ、共産党員や民族主義者、精神障がい者、ナチスに敵対的と見なされた市民が「バビ・ヤール」と呼ばれる峡谷に集められ、次々と銃殺された。その人数は、ドイツの移動虐殺部隊「アインザッツグルッペン」の公式文書によれば、3万人を軽く超えていたという。

キエフには、「ディナモ・キエフ」というアマチュアのサッカークラブがあり、強豪として知られていた。開戦以来、国内のリーグ戦は中断されていたものの、キエフにおけるサッカー人気は根強かった。そこに目をつけたナチスは、占領翌年の1942年、ある提案をする。強制労働を強いられるキエフ市民のガス抜きのために、市民でつくるサッカーチームを、ほかのクラブと対決させるというものだ。にわかづくりのキエフ市民チーム「スタルト」は、ハンガリー軍やドイツ国鉄のサッカーチームを次々と破り、残すは8月6日の、ドイツ空軍チームとの対戦のみとなった。プロではないとはいえ、空軍チームは、戦時下におけるドイツの最有力チームの一つ。試合の直前には、ドイツ側からある〝警告〟が発せられている。それは、「スタルトが試合に勝ったらスタルトの選手をみな殺しにする」という脅迫だった。

ところが、焼け残ったスタジアムで行われたドイツ空軍との試合で、スタルトの選手たちは全力でプレー。結果は5対1でスタルトが勝利し、ドイツ空軍の面目は丸潰れとなった。殺害を予告されていたクラブのメンバーたちだが、空軍側からリベンジマッチを申し入れられたことで、いったんは命拾いをする。

そして迎えた8月9日の再試合。今度こそ命がないと脅されていたスタルトの選手たちだったが、この試合も5対3でスタルトが勝利を飾っている。これがついにナチスの逆鱗に触れた。選手たちは全員秘密警察ゲシュタポに逮捕され、そのほとんどが収容所で処刑された。

欧州サッカーに詳しい識者によれば、市民のチームが強豪・ドイツ空軍に2回も勝てた理由は「殺害を予告されていながら、手を抜く選手が一人もいなかったから」だという。キエフ市民を弾圧するナチスに対して、たとえサッカーの試合といえども一矢報いたいという、スタルトのメンバーによる決死の勝利だった。

Этот исторический снимок сделан 9 августа 1942 года после окончания так называемого «Матча смерти» предположительно арбитром встречи немецким обер-лейтенантом по имени Эрвин, который прекрасно владел русским языком.

キエフ市民チーム「スタルト」の快進撃を伝える当時の現地新聞

近代芸術を敵視し創作活動を抑圧

ドイツ芸術文化を衰退させた「ヒトラーの呪い」

取材・文●市川哲

美術、音楽、文学……大芸術家が生まれない戦後のドイツ

クラシック音楽の「3B」と称されるバッハ、ベートーベン、ブラームスに「ワルキューレの騎行」のワーグナー。文学では童話のグリム兄弟に詩人ゲーテ、ノーベル賞作家のヘルマン・ヘッセ。映画の世界なら日本初の字幕映画『モロッコ』の主演女優であるマレーネ・ディートリヒ――。世界にその名を刻むドイツの芸術家は、枚挙に暇がない。

まさにヨーロッパにおける文化の発信基地といった様相であるが、しかしそれは第2次世界大戦前までのこと。戦後にかぎってみれば、これが一気にトーンダウンしてしまう。日本でも広く名を知られる大家となると『ブリキの太鼓』の著者でノーベル文学賞を受賞したギュンター・グラスや児童文学のミヒャエル・エンデぐらいのもの。

「俳優では一応ブルース・ウィリスがドイツ生まれですが、幼少時にアメリカへ移住しているし、その父親もアメリカ軍人で純粋なドイツ人とは言い難い。音楽の世界だと古くはスコーピオンズ、近年ならラムシュタインに代表されるジャーマンメタルの評価は高いものの、ヘビーメタルというジャンル自体がさほどメジャーなものではない。日本ではディスコ音楽として有名なジンギスカンやアラベスク、あるいは『ロックバルーンは99』（邦題）が世界的ヒットとなったネーナなどもいますがこれらはみな、典型的な一発屋ですしねぇ」（文芸評論家）

若き日の個人的な怨念で独裁者は新芸術運動を嫌悪した

画家を志しながら美術アカデミーの受験に失敗したヒトラーが、絵葉書売りなどで生計を立てていたのはよく知られるところ。戦前と戦後でドイツの文化芸術の流れが断絶された背景には、〝ヒトラーの呪い〟とでも呼ぶべきものがある。

ヒトラーが絵葉書に描いていたのは風景の模写などであった。自身では「古典派嗜好によるもの」と称していたが、周囲からは「緻密で正確さはあるが独創性に乏しい」とみられており、なかには「19世紀以降の作品を理解できていない」との厳しい声まであった。

そうした評価への反発もあってだろうか、ヒトラーは新しい芸術運動には嫌悪感すら見せ、独裁者となってからは自身の芸術的嗜好をそのまま政策に反映させることとなる。ナチス政権下における「退廃芸術排斥運動」がそれだ。

近代芸術は堕落の象徴であり、勇壮さを重んじてきた古来ドイツの価値観にそぐわない。ユダヤ人やロシア共産主義者の支援を受けながら、ドイツ社会を嘲弄し、ドイツ人の伝統的な精神性を蝕むことを目的としてつくられたものである――。

こうした思想に則って近代美術作品、ジャズや実験的音楽の類は非難の的とされ、公の場から一掃されることとなる。作品の質だけでなく、作家自身がユダヤ血統であることも排斥の理由とされた。

またナチスに批判的な平和主義思想を持つ者も弾圧の対象となり、その結果、多くの芸術家が国外亡命を余儀なくされる。ドイツ国内に残った者はゲシュタポの監視下に置かれ、創作活動は許されなかった。その一方で称賛されたのが、純ゲルマン血統の作者による古典的芸術作品である。

「当時の才能ある芸術家のほとんどがナチスの言うところの退廃芸術を志向していたわけで、センスに乏しい凡庸な作家がナチスの意に沿う作風をなぞっていただけというのが現実のところ。映画にしても、作品性に乏しい記録映像のようなものばかりが制作されました。その結果としてナチス政権下で創作された芸術作品群のなかで、現代の視点から見るべき価値のあるものは皆無と言っていい」(同前)

ナチス党主催の「退廃芸術展」を開催するために集められた近代作品の多くは、その後、外貨を獲得して軍費に充てるために海外へと売却され散逸。売れ残った作品は国民への見せしめとして焼き払われた。

さらにはナチス宣伝省の認める執筆者以外が芸術を批評することまでも禁止し

て、「近代作品の先進性と、それとくらべたときの凡庸な古典派作品のつまらなさ」を論ずる声までもが封じられた。

退廃芸術は、国家の敵であり民族性を抹殺する脅威であると繰り返し宣伝がなされたことで、そうした思想が国民の意識に刷り込まれることにもなった。ナチスによってドイツ国民の芸術を貴ぶ精神性までもが破壊されたというわけだ。

「画家の夢破れたヒトラーの怨念が近代芸術を抹殺したことによりドイツの芸術は未来へ発展させるための架け橋を失い、18世紀までの古典に留まることを余儀なくされたのです」(同前)

「国民は工業や化学産業に専心するべきであって、芸術などは精神を堕落させるだけの害悪だ!」とでもいうようなヒトラーの信条が、いまなおドイツ芸術に暗い影を落とし続けているともいえよう。

リヒャルト・ワーグナー(1813〜1883)。
歌劇の脚本も手がけた"楽劇王"

ワーグナーによる勇壮な楽曲を愛好したヒトラー。ナチ党の街宣においてもたびたび使用された

ビリー・ワイルダー、トーマス・マン、フロイト……

ナチス「退廃芸術」弾圧から逃亡したドイツが失った偉大な才能たち

取材・文●福田光睦

自由な近代芸術を「退廃的」と断じたナチス

ナチスの時代、「退廃芸術」という言葉が、ドイツとその近隣の芸術界を黒い雲のように覆っていた。

「退廃芸術」とは、ナチスが当時の自由な発想に基づく新しい価値観でつくられた近代芸術を、道徳的、人種的に堕落したもので、ドイツ国民にとって有害なものと断じるためにつくった〝負の刻印〟であった。

たとえば、20世紀の美術・建築・デザインに絶大な影響を与えた学校、バウハウスの教員であったオスカー・シュレンマーの代表作「ヴァイマル応用芸術アカデミーの壁画」は、退廃芸術であるとされ、ナチスにより塗り潰された（バウハウスもまたナチスにより1933年に閉校）。また、デフォルメと鮮やかなコントラストの画風で20世紀前半のベルリンで活躍した画家、エルンスト・キルスナーはナチスが1937年に開催した「退廃芸術展」に自らの作品が32点も選ばれたことに絶望し、自宅で拳銃自殺を遂げた。そんなナチス政権下でドイツ国内に留まるという選択をした芸術家たちに悲劇が待っているのは、もはや自明だった。

そのため多くの芸術家は、才能がナチズムによって押さえつけられることを嫌い、世界へと旅立つ選択をしたのだった。つまり、ナチスは、退廃芸術の名の下に、国内の膨大な才能を自ら進んで失った。以下に紹介するのは、画家としては大成できなかったアドルフ・ヒトラーとくらべるまでもなく、芸術の分野で大きな成功を収めた人物たちである。

映画監督、女優、小説家……すべての才能はアメリカに流れた

まず挙げたいのが、ドイツで脚本家として活躍後、ナチス・ドイツのユダヤ人

迫害を逃れフランスを経由してアメリカに亡命し、ハリウッドで大きな成功を収めたユダヤ系オーストリア人映画監督のビリー・ワイルダーである。『サンセット大通り』『麗しのサブリナ』『七年目の浮気』『昼下りの情事』『お熱いのがお好き』などの大ヒット映画を連発し、1960年の『アパートの鍵貸します』ではアカデミー賞作品賞、監督賞、脚本賞など5部門で受賞。実母をアウシュビッツで亡くしたが、その華々しい活躍は天国の母にまで届くものであっただろう。

そのワイルダーの作品『異国の出来事』『情婦』でも鮮烈な活躍をしていた女優、マレーネ・ディートリッヒも、ナチス政権を嫌って国外に飛び出し、世界的成功を収めた女優である。1930年のデビュー作『嘆きの天使』で名声を勝ち得たディートリッヒは、総統ヒトラーのお気に入り女優であったといわれ、帰国命令を受けるも、その意を無視し、アメリカに帰化してしまった。その結果、ドイツ国内で彼女の出演作は全作品上映禁止措置となったが、皮肉なことに、彼女が世界的に成功するにつれ、その姿はドイツ国外の世界中のスクリーンにあふれることとなった。彼女こそ、ヨーロッパ制覇を目前にした独裁者でも手に入れられない、〝世紀の美貌〟の持ち主となったのだ。

文学者では、1929年にノーベル文学賞を受賞した小説家、トーマス・マンが代表的な存在である。ナチス台頭時からその危険性を訴え続けていたマンは、1933年のヒトラーの政権掌握とともにスイス経由でアメリカに移住。ドイツ時代に『ヴェニスに死す』『ブッデンブローク家の人々』『魔の山』など、文学界に残る不朽の名作を生み出した作家は、第2次世界大戦中の敵国アメリカの地で、ドイツからの亡命者を支援し続けた。なお、その実兄であり同じく小説家のハインリヒ・マンも、弟を追ってアメリカに移り住む道を選んだ。ドイツを代表する文豪兄弟もまた、ドイツから旅立っていったのだ。

ほかにも少年期にナチスのホロコーストを避けて国外を放浪し、たどり着いたアメリカで『異端の鳥』『異境』などのベストセラーを発表した小説家、ジャージ・コジンスキー、ニューヨークに移住し抽象的な作品やミニマリズムの分野において印象的な立体作品を残したドイツ生まれのユダヤ人アーティスト、エヴァ・ヘス、さらには2015年に日本で佐野研二郎の「東京オリンピックロゴ贋作問題」で予期せぬ話題になった世界的タイポグラファー、ヤン・チヒョルトもナチスを忌避しドイツから離れた才能である。

最後に、ここまで並べた芸術家たちとは分野が異なるが、不世出の物理学者であるアルベルト・アインシュタイン、精神分析学の創始者であるジークムント・フロイトというような〝人類最大級の才能〟もナチスにより国外へと流出したとつけ加えておこう。

優性思想の下に行った「退廃芸術」弾圧政策が、ここまで多くの才能の国外流出を促してしまったことだけを取ってみても、ナチス・ドイツ敗戦の理由がうかがえるというものだ。

娯楽映画の巨匠としてアメリカに君臨したビリー・ワイルダー

オードリー・ヘップバーン主演『麗しのサブリナ』(1954年)の広告

第4章

現代に生きるナチス

60年の年月をかけ、戦後アメリカを乗っ取ったナチス

ナチス・アメリカの正体

英独共同で戦後のアメリカを裏から支配する密約

1939年9月に始まった第2次世界大戦は、開戦からわずか1年、バトル・オブ・ブリテンの転換点となった1940年8月31日でナチスは敗北へと突き進むことになった。その裏にあったのが、「戦後のアメリカ乗っ取りにナチスが参画する」という密約である。わざとナチス・ドイツが負け、英独共同で戦後のアメリカを裏から支配する。ナチスとヒトラーを考えるうえで、この「密約」を知っているかどうか。ここが重要なポイントとなる。ナチスは、イギリスとソ連を倒す予定だった。そこで密約によりソ連侵略を優先した。しかし、スターリング

ラードの失敗でナチスの敗戦が濃厚になった結果、戦後の「アメリカ乗っ取り」が最優先課題になったわけだ。

この密約は副総統のルドルフ・ヘスがイギリスと交わしたものだが、ヒトラーも当然了承していた。イギリスが受け入れたのは、イルミナティ・ロッジP2派の強い意向だけでなく、イギリスと、その植民地であったアメリカの支配者層が「WASP（ホワイト・アングロ・サクソン・プロテスタント）」という点も大きかった。アングル人もサクソン人も同じアーリア人、ゲルマン民族である。つまり同じ民族で独裁帝国をつくるプラン。反対する理由はさほどなかったわけだ。

ナチス・ドイツの残党が戦後のアメリカを乗っ取る。この困難な国際謀略に挑んでいたことが、第2次世界大戦におけるナチスとヒトラーの異常性となって現れることになる。

戦後体制は、ヤルタ会談を経て米ソ冷戦構造になることが決まっていた。

アメリカは、それなりの兵器開発能力を持っている。とはいえアメリカの軍事力と兵器の特徴は数をつくることにある。第2次世界大戦を勝利に導いた3大兵器がバズーカ（携帯式対戦車砲弾）、輸送機（C‐47）とジープというお国柄である。開発能力でいえば、ナチスとくらべれば、どうしても見劣りする。

また、冷戦は情報戦が主体となる。この諜報活動もアメリカは、決して強くはなかった。日本に真珠湾を攻撃させる謀略など、アメリカ以上に情報戦に弱い日本だから通用したのであって、激烈な諜報戦を繰り返してきたイギリスやドイツにくらべれば児戯に等しい。しかもアメリカにはダーティワークのできる諜報員や工作員の部隊もやはり、英独にくらべれば満足に揃っていなかった。

なにより冷戦となれば、核戦争以上に化学兵器、バイオ兵器が重要となる。細菌兵器は「つくる」能力がなければ、対策ができない。実際、アメリカは日本の731部隊の戦犯を解放して細菌兵器のデータを入手している。この分野の遅れは深刻なレベルにあったのだ。

戦争中から「用意」ナチスの兵器と開発者を入手

そこでナチス・ドイツである。

ナチスには、アメリカが必要とする人材も資料も能力もすべて揃っている。というか、アメリカが喉から手が出るほど欲しいものばかりがあったのだ。偶然にしてはできすぎだろう。アメリカが食いつくように戦争中から「用意」していたのだ。

「ナチスの超兵器」と呼ばれるようにナチスの新兵器の多くは、10年先、20年先を見据えた革新的なものばかりだった。その代表がロケット、ヘリコプター、ジェット戦闘機、誘導ミサイル、AIP（非大気依存推進）型潜水艦であろう。いずれも21世紀の現在まで主力兵器となっている。つまり、ナチスの兵器と開発者を入手できれば、半世紀は兵器開発に困らなくなる。

次に必要なのが、ソ連のみならず、旧東側に張りめぐらせた諜報網だった。こちらもナチスは準備していた。のちの「ゲーレン機関」である。旧ソ連は日本のゾルゲ事件を挙げるまでもなく諜報能力が非常に高く、大戦中、アメリカ政界にも、その手を伸ばしていた。それに対抗するには、ナチスの情報将校ラインハルト・ゲーレンの力が不可欠だったのだ。

それ以上にアメリカが欲していたのが、ナチスのマッドサイエンティストと武装親衛隊の殺人鬼たちである。非人道的な手段でしか入手できない人体実験のデータは、ある意味、宝の山なのだ。そもそも平然と人を殺すような実験のできる人材は、おいそれとはいない。諜報戦でダーティワークをこなせる人材も同様だ。アメリカもえげつない作戦を数多く行ってきたが、戦後体制を見据えれば、やはり、不十分であったのだ。優生思想にはまり、徹底した洗脳によって人の道を外れた連中がナチスにはごろごろといる。彼ら自身、まっとうな生き方に戻れないことは理解している。

もうおわかりだろう。

ナチスのもっとも「濃い」エキスを受け入れてしまえば、アメリカは超大国として足りないパーツをすべて埋めることができるのだ。アメリカにとって第2次世界大戦とは、国土が戦火にさらされず、連合国の軍需工場となってバカスカと兵器を売りまくり、あとは勝ち馬に乗るだけで戦後世界のリーダーになれる、実においしい戦争だった。だからこそアメリカは、実力の足らないところをナチスに頼らざるをえなかったのだ。ここに、この絵図を描いた、ルドルフ・ヘスの深慮遠謀の凄みがあった。

「100億ドル相当の知的財産」をナチスから奪ったアメリカ

第2次世界大戦の末期にかけ、アメリカによるナチスの取り込みがヘスの思惑通り本格化した。

その代表が「ペーパークリップ作戦」である。V2ロケットを開発したヴェルナー・フォン・ブラウンなど1600人の科学者たちを〝拉致〟して「100億ドル相当の知的財産」をアメリカ国内に持ち帰った。しかし、この作戦は表向きであり、裏では人体実験をした科学者たちも多数、含まれていた。

次が南米ルートである。ナチス関連では、その残党が南米に逃げた話がよく出てくる。これは南米はもともと親ナチス政権の国家も多く、比較的簡単に入国できたからだ。それを利用してナチの残党が集まっていたのだ。南米で「国籍ロンダリング」をしてアメリカに入国する。その拠点の一つが親ナチス国だったパラグアイだ。「ヒトラー逃亡説」でもおなじみだろう。

そして最後がナチス自身による「脱出」である。この「ナチスの遺伝子」を率いてドイツを脱出した新たな総統が、ヴィルヘルム・カナリスである。

歴史に詳しい人ならば「ヒトラー暗殺計画で粛清された人物」と記憶しているだろう。カナリスは海軍将校からドイツ国防軍の諜報機関のトップとなり、武装親衛隊やナチス党に反発。大戦末期の1944年7月、ヒトラー暗殺計画（未遂）で逮捕、ヒトラーが自決する直前の1945年4月、処刑になったといわれている。

しかし、真相はまったく違う。暗殺未遂事件で「処刑」したことにして、科学者やSS隊員らとともに最新型Uボートに乗って脱出させていたのだ。つまり、暗殺計画自体がフェイクであった。しかも敗戦前後の混乱を利用して脱出メンバーを「戦死」に見せかけ、最新兵器や研究所も「全滅」したことにして資料なども大量に持ち出したという。

カナリスは、もっとも濃い「ナチスの遺伝子」をアメリカに埋め込むべく、ヒトラーによって選ばれた2代目ナチス総統であったのだ。

ナチスの脱出が簡単に成功したのは理由がある。この時、アメリカ軍の諜報機関はすでにナチスとの関係を深めていたからである。

先にも説明したが、冷戦を見据えてアメリカはゲーレン機関をつくったラインハルト・ゲーレンをスカウト、組織ごと吸収していた。その功績でCIA長官となるのがアレン・ダレスだ。こうしてCIAは、前身のOSS（戦略情報局）の流れを汲む国軍派とナチス派に分裂する。ダレスの実兄ジョン・フォスター・ダレスが国務長官となった関係でナチス派CIAは国務省の管轄となり、軍部から完全に切り離されていくことになる。

カナリス新ナチス総統が率いた敗戦国残党の国際犯罪組織

大戦末期から敗戦に至るまでナチス勢力は複数のルートで世界中に浸食していった。

アメリカ軍にはロケット技術者など兵器開発者たち。こちらは表と裏でDAR

PA（国防高等研究計画局）やエリア51といった秘密研究所へと潜り込んでいった。

次がゲーレン機関からCIAへと転身した武装親衛隊の工作員たちとなる。

そして最後が敗戦後の残党たちだ。カナリスはナチスや日本軍など敗戦国の兵士や軍関係者たちを「戦後秩序と戦う」と反政府勢力になるよう勧誘。その結果、旧日本軍は北朝鮮と東南アジア、ナチス残党が中南米、ナチス派のムスリム同胞団が中東に拠点を構えて活動を開始した。これが、のちのナチス派による国際犯罪ネットワークとなる。敗戦国の残党たちは、結局、カナリスの指示通り、現地でドラッグの密売、武器密輸、人身売買を行い、その見返りに現地の工作員となり、完全にナチスに取り込まれていく。カナリスは、新総統として、この国際犯罪ネットワークを管理していた。その拠点は諸説あるが、アメリカの窓口ははっきりしている。

ブッシュ家である。

カナリスはナチスシンパのアメリカ人であったプレスコット・ブッシュをアメリカの窓口にしていた。その功績が認められてカナリスのあと、ブッシュ家から新たなナチス総統が生まれる。パパ・ブッシュ（ジョージ・H・W・ブッシュ）である。

２００１年、４代目ナチス総統が約束されていたベイビー・ブッシュ（ジョージ・W・ブッシュ）がアメリカ大統領となり、60年にわたったナチスのアメリカ乗っ取り計画はついに実現する。そして――

９１１である。

自作自演テロでアメリカ中枢を完全に掌握したブッシュ率いるナチス派はナチス・ドイツの憲法とまったく同じ「愛国者法」をもって、ナチス・アメリカの建国を高らかに宣言した。

ナチス・アメリカの最終目的は、核戦争による第3次世界大戦である。１８７１年、南北戦争の将軍だったアルバート・パイクの「予言」の実現も、その目的の一つとなろう。

「世界は3度の大戦が起きる。１回目はロシアを倒すため、2回目はドイツを倒すため。そして3回目はシオニスト（ユダヤ復興主義者）とイスラム教徒が滅ぼし合う最終戦争になろう」

この予言を信じているのはシオニストたちだが、それを利用して、ブッシュ率いるナチス派は、ハルマゲドンを起こすべく蠢動《しゅんどう》した。この時、世界は相当な危機に陥っていた。

2016年のドナルド・トランプの劇的な大統領選勝利は反ナチス派勢力によって引き起こされたが、その一方で2018年のトランプによるシリア空爆は第3次世界大戦を画策するナチス派の謀略だった。その後も世界の裏舞台では、いまだ、ナチスをめぐる暗闘が激しく続いている。

ナチスは決して「過去」の遺物ではない。現在でも生々しく蠢《うごめ》く悪の勢力なのである。

名目上、4代目ナチス総統になったといわれているベイビー・ブッシュ（ジョージ・W・ブッシュ）だが、実権はパパ・ブッシュが握り、総統代理というのが実情だった

戦後の米国を支えた元ナチスの科学者と軍人たち

CIAに引き継がれたナチスの諜報機関

取材・文●金崎将敬

「ペーパークリップ作戦」でナチスの科学技術を獲得

「ペーパークリップ作戦」とは、米軍による優秀なドイツ人科学者のアメリカ移住計画である。ナチス・ドイツの兵器製造に関わった多くのドイツ人科学者らが、この作戦によりアメリカ市民権を得ている。

当初、トルーマン大統領はアメリカに入国させる科学者のリストから、積極的なナチス支持者を排除するよう指示していたが、米国防省のJIOA（統合諜報対象局）は都合のよい「再審査」により、自分たちが入国させたいドイツ人科学者の戦争中の経歴を「きれいなもの」にして、通常なら戦犯となる人物でも入国させた。

そのようなトリックで入国させた人物の一人が、人類を月へ送り込むアポロ計画の立役者となったヴェルナー・フォン・ブラウンだ。弾道ミサイルV2（旧称A4）の開発者として有名な彼は、ナチス・ドイツ時代に人工衛星打ち上げロケットや宇宙船の打ち上げを夢見ていたが、その夢は奇しくも敵国だったアメリカで叶うことになる。

フォン・ブラウンは、6000人の捕虜を殺害した戦犯とされた上司のヴァルター・ドルンベルガー将軍の釈放を要求したところ、それも受諾されている。釈放されたドルンベルガーはアメリカのロケット計画に携わり、のちにCIA（米中央情報局）のコンサルタントの職まで与えられたという。

これらのことから、ナチスの科学技術はそっくりそのままアメリカに移植されたといえるのだ。

チェ・ゲバラ暗殺の陰に「リヨンの虐殺者」の存在

ドルンベルガーにかぎらず、ナチス戦犯が超法規的措置によりその罪を許され、CIAやそれに類した課報機関で活躍するようになったケースは多い。

たとえば、「リヨンの虐殺者」の異名を持つクラウス・バルビーは、アメリカのCIC（対敵諜報部隊）に雇われ、冷戦下における対ソ課報の工作員として活動していた。バルビーはアメリカが支援する反共軍事政権下のボリビア政府軍の軍事顧問も務め、その指揮により、キューバ革命の英雄チェ・ゲバラは殺されている。

一方、戦犯を逃れて各地に散ったSS（親衛隊）のメンバーらは秘密裡に連絡を取り合い、「SS同志会」という組織を結成。スペインのマドリードに置かれた本部を、ヒトラーのお気に入り親衛隊員だったオットー・スコルツェニーが運営した。

このスコルツェニーはCIA長官のアレン・ダレスの依頼により、エジプト治安部隊の設立を担当したが、この時、訓練のために送り込まれた約100人の軍事顧問団のなかには元ナチス親衛隊員をはじめとするナチスの残党が相当数含まれていたという。

また、戦争中、対ソ連諜報を担当したラインハルト・ゲーレンは、戦後、CIAと協力し、西ドイツで対ソ諜報活動を行う連邦情報局、通称「ゲーレン機関」をつくり上げた。同組織の人材にも、親衛隊やゲシュタポのメンバーなど本来なら戦犯に該当する人物が多数含まれていた。

このようにアメリカのCIAや関連する諜報機関は戦後、元ナチスの人材を多数内部に引き入れており、実質的にナチスの諜報活動はそのままCIAに引き継がれたといってもよい。つまり、アメリカはある意味で、「ナチス・ドイツ＝第三帝国」の後継である「ナチス第四帝国」と化していたのである。

ナチス戦犯の国外逃亡を助けたカトリック教会

バチカンとナチスを結ぶ“黒いキズナ”の深層

取材・文●金崎将敬

ローマ教皇の後方支援でヒトラー「全権委任」が実現

前ローマ教皇のベネディクト16世にはヒトラーユーゲント（青少年団）隊員の過去があることが知られている。だが、ナチス政権下のドイツはそれは義務であり、とくに問題視されてはいない。

とはいえ、ベネディクトの前任者、ヨハネ・パウロ2世がポーランドでナチス・ドイツの侵攻を体験していることを考えると、これには歴史の皮肉めいたものを感じてしまう。

だが、それ以上の歴史の皮肉は、本来なら愛を説くべきカトリックの宗教者たちが、宗教をアヘンと断ずる共産主義のソ連との対立から、ナチスを支持していたということだ。

1933年にヒトラーが首相となり、政権を奪取したのち、ローマ教皇ピウス11世はヒトラー政権を認める見解を表明。それに伴いドイツのカトリック系政党・中央党は、ナチスが法律を自由に変更できる「全権委任法」に賛成し、ドイツのカトリック司教団は、信徒がナチスのメンバーになることを許可するようになった。

つまり、カトリック教会は全面的にナチスの味方についたということであり、この後方支援で、ヒトラー率いるナチスは短期間で支配体制を盤石のものとした。

ピウス11世の次のローマ教皇ピウス12世が、ナチスのユダヤ人迫害を一切非難しなかったのは、このような背景もあったのだろう。

カトリック教会は戦前・戦中にナチスに協力しただけでなく、戦後にはナチス残党の国外逃亡をも手助けした。

オーストリア人のアロイス・フーダル司教は、戦後、バチカンに働きかけ、カトリックの教会組織であるフランシスコ会やイエズス会などの修道院にナチス逃亡者をかくまい、彼らに偽名の難民パスポートを発行するなどして、カトリックの影響力が強い南米などへの脱出を支援した。

ホロコースト（ユダヤ人虐殺）に深く関わったアドルフ・アイヒマンや、ユダヤ人1万5000人を安楽死させた弁護士のゲルハルト・ボーネなどもまた、カトリックの教会組織の援助でアルゼンチンなど南米諸国へ逃亡している。

カトリック系団体とCIAの隠されたコネクション

カトリック教会のナチス残党への支援は、表向きには同じカトリック教徒に対する人道的支援として半ば公然と行われていたが、その裏ではアメリカのCIA（中央情報局）が暗躍していた。

カトリックの信徒組織「インターマリウム」もまた、ナチス残党の逃亡を手助けしていた団体だが、この組織はCIAと資金的な繋がりがあり、つまりは、ナチス残党の逃亡を間接的にCIAが支援していたといってもよい。このあたりの事情は本書の〈ＣＩＡに引き継がれたナチスの諜報機関〉（232ページ）も参照してほしい。

現在の教皇フランシスコはヒトラーの権力掌握を例に挙げて、昨今の世界情勢におけるカリスマ的指導者の危険性を訴えているが、アルゼンチン出身の彼は自国に逃げ込んだナチス残党と接触していた可能性が一部で指摘されている。

その経験から、「同じ過ちを繰り返してはいけない」という思いでヒトラーの話を出したのか、それとも、かつてバチカンがナチスに協力していたという事実をごまかすため、これに触れたのかはよくわからない。人格者といわれる現教皇なだけに、願わくば前者の理由であってほしいが……。

ウォール街でいまも蠢く〝ナチスマネー〟

世界の金融市場を支配するナチス御用銀行の正体

取材・文●金崎将敬

スイスに本拠地を置く「BIS」という特殊銀行

第1次世界大戦後、敗戦国ドイツの戦争賠償の処理を目的として、1930年に世界中の中央銀行（通貨を発行する銀行）が集まって、アメリカ人総裁の下、スイスのバーゼルに設立した「BIS（国際決済銀行）」という特殊な銀行がある。

簡単に言えば、敗戦国ドイツが戦争賠償金を支払うのを円滑化させるための銀行なのだが、世界恐慌によるドイツ国内の経済状況の悪化により、1932年にはその当初の目的を断念。

さらに、1933年から1934年にかけ、ナチスがドイツで権力を掌握すると、BISはアメリカやイギリスからの資金をナチスへ融資する窓口の働きをするようになる。つまり、当初の目的とは正反対の機能を持つようになったわけだ。

その背景には、ナチスが権力を掌握する直前の1933年1月に、BIS設立者の一人であるアメリカ人ジョン・フォスター・ダレスと、その弟でのちにCIA長官となるアレン・ダレスがヒトラーと会談したという事実がある。その仲介人はドイツの銀行家でBISの役員でもあるクルト・フォン・シュローダー男爵である。

ジョン・フォスター・ダレスはウォール街の法律顧問であると同時に、ドイツの化学工業企業「IGファルベン」の重役でもあり、つまりはアメリカの金融市場とドイツを結ぶ働きをしていた人物。このダレスの働きかけによりBISはナチスの御用銀行へ変貌し、BIS経由の資金はドイツの再軍備を支え、結果的に第2次世界大戦が勃発することになる。その意味ではBISを第2次世界大戦の経済的戦犯と考えていいだろう。

なお、ナチス・ドイツの経済相であったヒャルマル・シャハトもまた、このB

ISの創設に関わっていた。ヒトラーに心酔していた彼はナチス・ドイツの財政面に大いに貢献し、戦後はシュローダー男爵ともども戦犯と目されていたが、いずれもアメリカやイギリス金融界とのコネクションが効いたのか無罪放免となっている。

世界中の黄金の約1割が流れ込んだ

第2次世界大戦中もBISでは、枢軸国側のドイツ、イタリア、日本の銀行家と、連合国側のイギリス、フランス、ベルギー、オランダの銀行家らが机を並べて仕事をしていた。その主な仕事はナチス・ドイツが侵略した各地から略奪した黄金などの財宝をアメリカに避難させる窓口として機能することだ。

ドイツ中央銀行「ライヒスバンク」からBISに送られた黄金は世界中の黄金の1割にも達し、BISはそれを利子つきで貸し出すなどして運用したことで、原資の1000倍以上もの富を生み出した。

そのBISの大株主は、ドイツ系アメリカ人であるロックフェラー家が擁する大手銀行シティバンクである。なお、ＢＩＳをナチスの御用銀行に変えた前出のダレスはロックフェラー家の女性と結婚してその一族に名を連ねている。

ＢＩＳが預かっているナチス・ドイツの黄金は、ロンドン金融街「シティ」とニューヨーク金融街「ウォール街」の金融カルテルが現在も運用しており、西欧の超富裕層に対し莫大な富を提供し続けている。〝ナチスの御用銀行〟は、いまもなお世界の金融を動かしているのだ。

オランダ女王の夫とナチスとの深すぎる関係

大学時代ナチス信奉者だったとされる過去

取材・文●金崎将敬

突撃隊や親衛隊騎兵部隊に所属「毒ガス製造会社」にも勤務

２００４年に逝去したオランダ王配のベルンハルトという人物をご存じだろうか？「王配」とは王の配偶者という意味で、オランダのユリアナ女王の夫であったことからこう呼ばれる。

ドイツ貴族の家に生まれたベルンハルトは、大学在学中の１９３２年秋にナチス所属学生のリストに登録し、突撃隊、親衛隊騎兵部隊、国家社会主義自動車軍団の準隊員となった。弟のアシュヴィンも、ナチスの信奉者だった。

大学卒業後、学生のリストからは除外されたが、ドイツの化学工業企業「ＩＧ

ファルベン」に勤務し、1935年にはパリ支社の重役秘書となる。このIGファルベンはホロコーストで使われた悪名高い毒ガス「チクロンB」を製造していたことで知られる。同社の重役には、ナチス御用銀行と言われたBIS（国際決済銀行）を設立したアメリカ人ジョン・フォスター・ダレスが就いていた。このダレスは戦後の日米安全保障条約の生みの親ともされる人物である。IGファルベンはナチスを経済的に支えた財閥でもあり、その意味で、若きベルンハルトはナチスとは浅からぬ関係にあったといえるだろう。

ベルンハルトは1937年にオランダのユリアナ王女と結婚し王配となるが、その後、1940年5月のドイツによる突然の侵攻によりオランダは5日で降伏。彼を含むオランダ王族はイギリスへ亡命した。

これにより、ナチス・ドイツはベルンハルトの敵となり、彼はオランダ主任連絡将校、イギリス陸軍省オランダ使節団長、1944年にはオランダ軍の最高司令官の地位に就きナチス・ドイツへの抵抗のシンボルとされたが、本当にナチスと手が切れていたのだろうか？

「影のサミット」で議長を務めた王配

ベルンハルトは戦後の1954年に「影のサミット」とも言われる、ビルダーバーグ会議の初代議長に就任している。これは毎年1回、欧米各国の王室関係者、貴族、政財界や官僚の代表者など約130人が開く非公式な会合で、基本的にメンバーは白人のみだ。

ここにはアメリカのロックフェラー財閥の当主デイヴィッド・ロックフェラーや、その懐刀といわれるヘンリー・キッシンジャー、それからCIAなども深く関与している。

しかも、ベルンハルトのいたIGファルベンの重役だったダレスはロックフェラー家の女性と結婚してその一族に名を連ねる存在であり、また、その弟、アレン・ダレスはCIAの長官を務めている。

さらに、ダレスが設立に関わったBISは現在もなお、ナチスの財産を運用して巨万の富を生み出しているとされ、そのBISの大株主こそがロックフェラー財閥なのである。つまり、ナチスはその姿を変え、CIAやロックフェラー財閥のなかでいまもなお命脈を保っているのだ。

ベルンハルトには、アメリカの軍需産業がヨーロッパの兵器市場に対して売り込みを行う際に口利きをするという、いわゆる武器商人の一面もあった。彼のこの武器ビジネスにロックフェラー財閥などがどう関与していたか定かではないが、いずれにせよ、彼の周囲には、最後まで、ナチスの影がチラついていた。

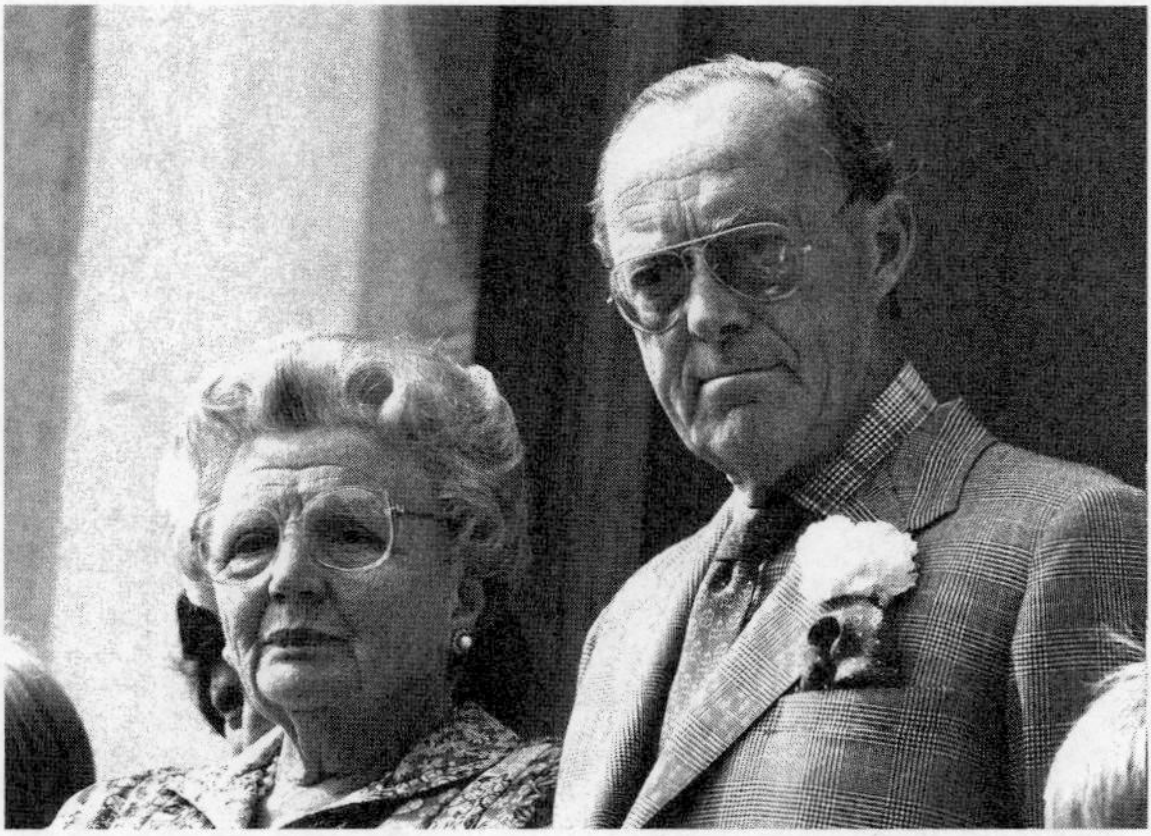

ベルンハルトとオランダ女王ユリアナ。仲睦まじい姿を見せる彼には裏の顔も……

「第四帝国」復興を目指す

南米へ逃れたナチス残党たち

取材・文●金崎将敬

南米に潜伏するナチス残党たち

１９４１年11月8日、ヒトラーはラジオで「まもなく東（ソ連）と西（アメリカ）がぶつかり合う日がくる。その時、結果を左右する決定的な役割を演じるのがラスト・バタリオン（最後の軍隊）のドイツ軍である」と演説した。１９４５年の5月にナチス・ドイツは無条件降伏するが、それ以前にナチスが所有する黄金や宝石、数十億のドル札などの資産は国外へ持ち出され、ドイツ企業の資産についても動かせるものは国外のドイツ系企業へ移転されていた。その理由は、敗戦後、国外におけるナチス組織復興を画策していたからだ。

ナチスの財宝はヨーロッパ各地や南米に運び出されたが、とくに重要な役割をしたのが南米で、親ナチ政権が支配していたアルゼンチンにはUボートによって、様々な財宝が運び込まれたという。ナチス残党は戦後、戦犯となった親衛隊員の逃亡を助ける地下組織をつくり、それらは「オデッサ」「蜘蛛」と呼ばれていた。戦犯である親衛隊員らは南米各地に潜伏した。たとえば親衛隊大尉で「リヨンの虐殺者」と呼ばれたクラウス・バルビーはボリビアへ、ホロコーストで重要な働きをしたアドルフ・アイヒマンはアルゼンチンへ、また、アウシュビッツで様々な人体実験を行った「死の天使」ことヨーゼフ・メンゲレはパラグアイへ逃れた。

ドイツ国外へ逃れたナチス親衛隊員たちは構成員10万人にも及ぶ「ＳＳ同志会」という国際組織を結成し、身分を隠し各地で事業家などとして活動。ドイツ系企業と南米各国政府との仲介役として暗躍したほか、武器や麻薬の密輸、テロ行為などの裏稼業にも手を染めた。ヒトラーが演説で述べた「ラスト・バタリオン」とは、このＳＳ同志会のことなのだろうか。

また、ヒトラー自身もブラジルへ逃れたという説もある。ヒトラーは飛行機でベルリンを脱出したあと、Uボートで南米へ逃れ、パラグアイとアルゼンチンを経由してブラジル奥地のマットグロッソ州にあるノッサ・セニョーラ・ド・リブラメントという小さな町に移住したという。1955年にアルゼンチンの親ナチ政権が倒れると、同国内のナチス残党らの一部は、ほかの南米諸国やブラジル奥地のジャングルへ移動した。ヒトラーは「アドルフ・ライプツィヒ」という偽名を名乗り、95歳まで生きていたという説もある。

一見、眉唾な話だが、1945年4月30日に自殺したとされるヒトラーの遺骸は燃やされて炭化しており、本人確認が困難であるほか、ヒトラーの遺骸と思われてきた頭蓋骨が20～40歳代の女性のものと2009年に判明したこともあり、この「ヒトラー生存説」はいまなお多くの人の関心を引くミステリーとなっている。

ナチス第四帝国の巨大都市を地下に建設!?

ナチス・ドイツは「第三帝国」を自称したが、敗戦後、ドイツを逃れた親衛隊員らを中心に「ナチス第四帝国」が興されたという説がある。これは、ゲシュタポ局長のハインリヒ・ミュラーが「総統（ヒトラー）は第四帝国の準備をされている」と発言したという話が元になっている。事実、第２次世界大戦中にヒトラーは「ブラジルに新しいドイツを建設しよう」と語っていたこともあるようだ。先のヒトラーがブラジルで生き延びたという説も、このあたりが出元らしい。

少し怪しい話にはなるが、親衛隊大将マルティン・ボルマンの部下だったカール・グローガーという人物が、ナチス高官や科学者らを逃亡させるルート開拓の任務を担っていたという話もある。戦後、グローガーに接触した者の証言によると、グローガーは「宇宙旅行のカギを握る人物」とされる科学者を伴っており、「第四帝国には別の世界まで飛んでいける飛行装置や地球の中心まで侵入できる飛行潜水艦などもある。巨大な都市も建設した」と述べていたという。この証言から「第四帝国は地下に存在する」「いや、月面にあるのではないか」といった憶測が囁《ささや》かれるようになった。

ぶっ飛んだ話になってきたが、元ＣＩＡ職員のエドワード・スノーデンは、「Ｄ

ARPA（アメリカ国防高等研究計画局）のスタッフのほとんどは、地球のマントルにホモ・サピエンス（現生人類）の生命よりも、さらに知的な人類種が存在していることを確信しています」と述べており、地底に人類が存在することを示唆している。もしかするとこれは、自らを優れた種と考えていたナチス党員のことを暗に示していたものかもしれない。

NASAの「ルナ・オービター」や日本の「かぐや」などの月面探査機が月面に人工物とおぼしき姿を撮影していることから、ナチス第四帝国が月に建設されたという話も、どこかありえそうな気がしてくる。

ゲシュタポ局長としてホロコーストを主導したハインリヒ・ミュラーは、ナチス戦犯でただ一人逮捕されず死亡も正式には確認されていない

「リヨンの虐殺者」と呼ばれたクラウス・バルビーは戦後、ボリビアでアメリカ諜報機関の仕事をした

メルケルの移民政策を揺るがしたドイツ史上最悪の性犯罪

「ドイツ大晦日集団性暴行事件」でヒトラーの「優生思想」が復活

取材・文●金崎将敬

1000万部を売り上げる大ベストセラー『我が闘争』

1923年11月8日、第1次世界大戦終戦から5年後のドイツで発生した「ミュンヘン一揆」。ナチスを母体とするドイツ闘争連盟が政権を握らんと起こしたクーデターであったが、その主謀者は第1次世界大戦の英雄エーリヒ・ルーデンドルフと、若きナチ党の党首、アドルフ・ヒトラーであった。しかし政変を急いだヒトラーの目論見は失敗に終わり、11月11日には逮捕。その身柄拘束時には自殺を図ったほど絶望したといわれているヒトラーであったが、失意のなかで、一冊の本を書き始める。それが、最終的には獄中での口述筆記により完成されたという『我が闘争（Mein Kampf）』である。

この〝世紀の悪書〟は、1925年7月18日に出版されて以降、それなりの売り上げは記録していたが、ナチスが政権を握ると、売り上げは一変。戦乱の世を導く新しい〝聖書〟と化した『我が闘争』は、新婚夫婦に必ず贈られるなど国民必携の書にまでなり、第2次世界大戦終結までに上下巻合わせて約1000万部を売り上げる大ベストセラーとなった。

しかし戦後、ナチス・ドイツが崩壊するやいなや、再び状況は一変。ヒトラーが自らの思想――アーリア人の優性思想やユダヤ人迫害等の根拠を記した自伝的著書は、戦争終了とともに、世界各国で出版することが一時差し控えられる。戦後ナチス幹部の財産はすべて差し押さえられ、その財産はバイエルン州が管理することとなった。つまり、知的財産としての『我が闘争』の著作権は、バイエルン州のものとなったのだった。

そして、ナチス・ドイツやヒトラーへの賛美を恐れたバイエルン州、そしてドイツ国家の意向により、ドイツ国内での出版は罰則のある法律で禁じられた。そして日本語を含め各国語の翻訳書が世界中で出版されようになるなか、ドイツだけでは禁書であり続けていた。

しかし、2015年12月31日――その日をもって、バイエルン州が所有する著作権が切れたのである。ヒトラーが死亡したとされる1945年4月30日から、ちょうど70年。著作者の死後70年というドイツをはじめとした欧州各国の取り決めにより、バイエルン州の著作権は喪失、パブリック・ドメインとなったのである。これを見越して2012年から、ネオナチ信奉者たちに利用されないよう、歴史学者による批判的な立場からの注釈をつけて復刊しようとする計画が動き出す。これをバイエルン州政府も認め、2016年1月8日、ついに『我が闘争』は再出版された。その過程では、当然のようにホロコースト体験者を中心とした反対者から批判の声が上がったのだが、『我が闘争』復刊をめぐって国中が揺れるさなか、ドイツ史上初めてとなる不穏な事件が起きていたのである――。

2000人の男が集団暴行、女性被害者は1200人

著作権が切れるまさしくその日、2015年12月31日の深夜、1000人もの容疑者による大規模な騒乱「ケルン大晦日集団性暴行事件」がドイツのケルン中央駅、ケルン大聖堂前広場を中心に発生したのである。そして驚くべきことに、同様の事件がハンブルク、ドルトムント、デュッセルドルフ、シュトゥットガルト、ビーレフェルト等の都市でも同時多発的に発生し、全ドイツで24件のレイプ疑惑が報告され、2000人の男性が集団暴行に加わり、1200人もの女性被害者が一挙に出たのである。もっとも被害の大きかったケルンでは、22件のレイプを含む、500件以上もの性的暴行が報告されており、その容疑者の大半は中東、北アフリカ人の男性であったという。

しかし、このドイツ始まって以来という大規模な性犯罪にもかかわらず、当日逮捕できた容疑者はたった5人であり、なにより奇妙であったのは、ドイツ当局はこの大規模な事件を4日間にわたり隠蔽。公共放送ＺＤＦには抗議の声が数多く届いていたにもかかわらず、報道は事件5日後だった。この対応に市民は怒り、

2016年1月5日には300人もの女性が事件現場であるケルン大聖堂前の広場に駆けつけ、政府の対応への抗議活動を行った。折しもメルケル首相の大規模な移民受け入れ政策が注目されていただけに、この移民を中心にした性暴行事件は、移民排斥を訴える勢力から格好の標的とされたのである。

一説によれば暴行犯たちのなかにはイスラム系テロ組織への関与をほのめかす者もいたというが、いずれにせよ、この2つの出来事がどちらも移民排斥の方向に国を向かわせていることは否めない。ドイツの移民問題は大戦以来最大の混乱期を迎えている。『我が闘争』の復刊とともに、優生思想を持つヒトラーの意志が蘇ってしまっているかのように——。

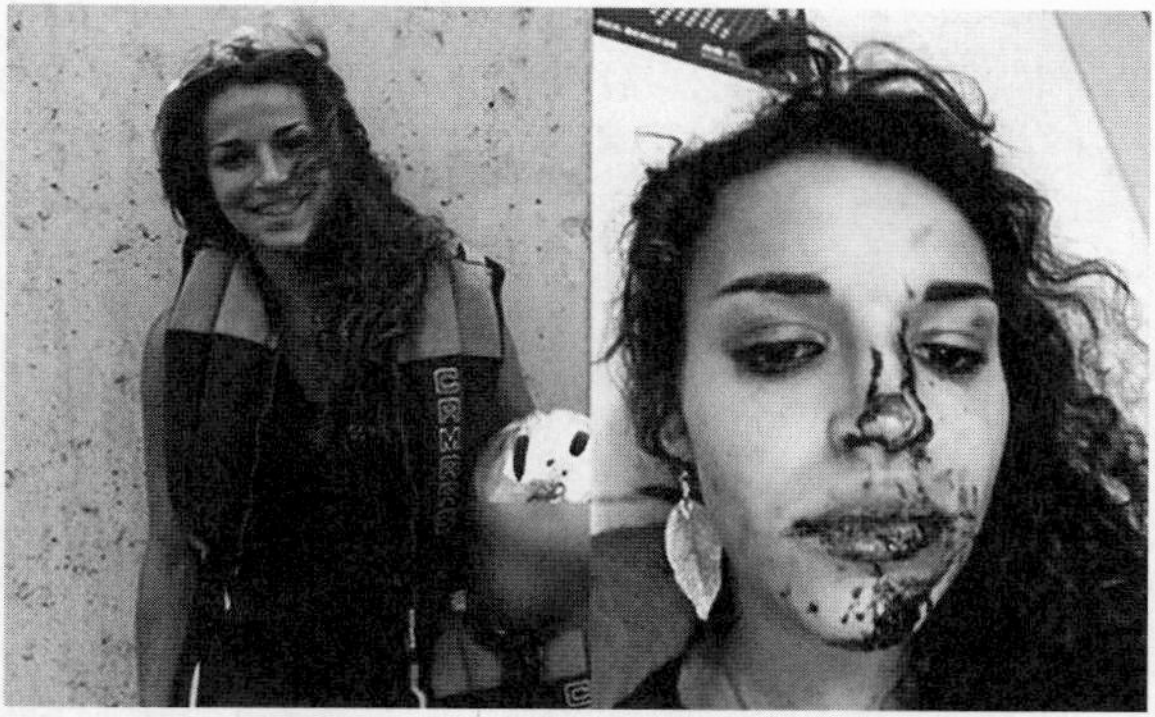

ネットに上げられた性暴行事件の被害女性の様子。被害者は月日を追うごとに増加していった

移民受け入れを推し進めてきたメルケル前首相。同じ女性であるだけに、女性たちからの反感は強いものがあった

加計学園問題の真相は「細菌兵器の開発」にあった!?

アメリカ・ナチスに隷属した安倍政権

獣医学部を「細菌兵器」の開発拠点にしようとする構想

最後に近年の日本について話をしよう。

2017年5月、突如「加計《かけ》学園問題」が大きな騒動となった。文科省の前次官であった前川喜平《まえかわきへい》氏が登場し、加計学園が計画していた獣医学部の開設に「総理の意向があった」と発言。文科省の内部文書まで流出し、安倍政権（当時）に説明を求める声が上がった。

事の発端は、愛媛県今治市が獣医学部新設を要望し、加計学園が応じたのだが、それに対して獣医師会と文科省が反対。そこに安倍政権が特区構想を打ち出したため、結果、加計学園の獣医学部開設が決まったという構図である。さらに、加計学園のオーナーと安倍総理は懇意の仲だった。友人のために安倍総理がその地位をかざして強引に認可したのではと疑惑を持たれていたわけだ。

ここで重要なポイントは、当時、安倍政権はどうしてそこまで後押ししたのか、にある。

その答えを皇室関係に強い右翼筋から得た。驚かないで聞いてほしい。

安倍の加計学園の獣医学部新設の目的は、第２次世界大戦中、人体実験や生物兵器開発を行っていた「７３１部隊」の復活であるというのだ。新設する獣医学部を「細菌兵器」と「化学兵器」の開発拠点にしようとする構想があったというのだ。

事実、加計学園による獣医学部の計画は、地方の大学でつくるような規模とは思えないほど施設が充実している。これで採算が取れるのかと、余計な心配をしたくなるレベルなのだ。その証拠に新設獣医学部は、鳥インフルエンザなどの疫病対策に主眼が置かれている。動物を使った「細菌兵器」の実験が可能となっているのだ。

この視点があれば加計学園問題の舞台裏も見えてこよう。

文科省と獣医師会が加計学園の獣医学部の新設を拒んできたのは、「細菌兵器」の実験場になるのではという疑惑があったためという可能性もあろう。

ただし、私は、文科省自体、実は新設にそれほど反対していなかったと聞いているが。

ナチスに絶対忠誠を誓い首相の座に就いた安倍晋三

戦後、日本の政界はアメリカのジャパンハンドラーズ（日本の調教師）に支配されてきた。その正体はナチス派の工作員で、日本の政財界で暗躍してきた。

世界の支配者層といえば、アメリカではロックフェラー一族が首魁《しゅかい》だが、ナチス勢力は彼らの暴力装置としての位置から次第に台頭していく。

別項でも紹介したが、２００１年の「９１１」によってナチス派の影響力が強まる。アメリカの権力構造のなかでナチス派の総統を兼任するブッシュ家が指導的立場になったためである。

この影響を受けたのが小泉政権だった。2001年4月に誕生した小泉政権は、発足当時は従来通りに、アメリカにせっせと貢ぐ役割を担っていただけだった。小泉純一郎が政権の座に就けたのは郵政マネーをアメリカに提供すると言ったからにすぎない。

しかし、911以後、小泉純一郎と、そのブレインだった竹中平蔵は、ベイビー・ブッシュに取り入り、ナチス派勢力に積極的に加担するようになる。ブッシュによるアフガン戦争やイラク戦争に協力した結果、長期政権を維持することができた。その小泉の「ナチス派」路線を受け継ぐことで政権の座に就いたのが、安倍晋三（第1次・2006年）なのである。

ポスト小泉は、「麻垣康三」と言われた順番通り、麻生太郎、谷垣禎一《たにがきさだかず》、福田康夫が安倍晋三より下馬評が高かった。安倍はそれを「ナチス派」に対する絶対忠誠を誓うことで覆したのだ。

事実、安倍晋三は、「メイン州の密約」に基づいて行動していた。これは20

07年、メイン州にあるブッシュ家の保養地を訪れたウラジーミル・プーチンとパパ・ブッシュが交わした「密約」のことだ。

その内容は、米ロによる新たな冷戦をでっち上げ、最終的に中国に欧米、ロシア、日本で攻め込み、6つに分割して支配するという計画である。そのためにパパ・ブッシュはプーチンに「Xデー」まで中国の味方のふりをしてほしいと依頼したという。ちなみに2014年のウクライナ動乱も、この新冷戦の構想から起こったものだ。

この計画に固執したのは、言うまでもなく安倍晋三である。戦時中満州国で暗躍した尊敬する偉大な祖父・岸信介《きしのぶすけ》のように中国を支配したかったのだろう。憲法9条改正など、自衛隊を「戦争」ができるように法改正を推し進めたのもそのためだ。

しかしプーチンは、この密約をあっさり反故《ほご》にして反ナチス派、反ブッシュに転じ計画自体を潰してしまった。当然のことながら、旧ソ連を崩壊させたナチス勢力を最初から信じるはずもなかったのだ。

このプーチンの「裏切り」でナチス勢力は一時的に後退する。それでナチス派のブッシュに代わり、アメリカではオバマを傀儡とした政権が誕生し、日本でも安倍政権が潰れ、民主党政権への流れが決定的になった。

ナチス派のヒラリー失脚で安倍スキャンダルが噴出

ところが２０１１年の３１１以降、再びナチス勢力が息を吹き返し、「ナチスの忠実な犬」である安倍晋三も復権。２０１２年末、第２次安倍政権が発足する。安倍晋三が度しがたいのは、この「メイン州の密約」の実現を信じて、計画を遂行しようとしていたところにある。安倍はこの計画のため、細菌兵器の実験場をつくろうと動いていたわけだ。

アメリカのナチス勢力は、米軍愛国派がナチス排除に動き出した結果、ナチス派のヒラリー・クリントンが落選し、トランプが大統領に就任した。３度、ナチス派の影響力が落ちたことによって、安倍もその庇護を受けることができなくなり、スキャンダルが噴出した。加計学園をめぐる騒動は、表面上はわかりにくいが、実は、相当、深刻な問題をはらんでいたのだ。

とかく生前の安倍晋三はヒトラーになぞらえられた。姿形は似ずともナチスの狂気に蝕《むしば》まれていた点で、彼はヒトラーと同類といえる。

戦時中、満州において人体実験もいとわず旧日本軍の細菌兵器開発を担っていた通称「731部隊」。正式名称は「関東軍防疫給水部本部」

加計学園の獣医学部新設は鳥インフルエンザ対策用の防疫公務員獣医師増員が目的の一つとも。その裏では「平成の731部隊」構想があった!?

30回撃墜されても死なない「戦車破壊王」ルーデル伝説

取材・文●山野千佳

義足になっても空を飛んだ不死身の軍人ルーデル大佐

ナチス・ドイツには、まるでつくり話のような伝説の軍人が存在する。その名は、ハンス＝ウルリッヒ・ルーデル。最終階級は大佐である。

ルーデルは1916年、ドイツ東部のニーダーシュレージエンに生まれた。8歳の時に、母親からもらったパラシュートのおもちゃで遊ぶうち、空への憧れが募り、パイロットを目指すことになる。

戦闘機乗りになったルーデルの戦果は尋常ではない。公式記録によると、出撃回数2530回で、破壊した戦車519輌、装甲車・トラック800台以上、火砲150門以上、戦艦1隻、航空機9機……と、挙げ始めたらキリがない。

おまけに、これはあくまでも「公式記録」であり、仲間に戦果を譲った分や、非公式で出撃したものを加えると、その合計は驚異的な数字となる。

「研究のために、ルーデルの記録をいくどとなく読み返してはいますが、そのたびに凄すぎて笑ってしまいます。ルーデルの驚くべき点は戦果だけにとどまりません。撃墜された回数も、30回に上ります。死ななかったことが不思議なくらいです」(軍事評論家)

自身が乗った戦闘機を30回も撃墜され、1945年2月、フランクフルト・アン・デア・オーダー近郊では右足を失う大ケガを負ったが、ルーデルは特注した義足を着け、書類を偽造してまで、翌月には戦線へと復帰した。

その目を見張る活躍ぶりには、敵国からも称賛の声が上がり、フランスの撃墜王・ピエール・クロステルマンは「なんと残念なことか、彼が我が軍の側でなかったということは!」と述べ、スターリンには「ソ連人民最大の敵」とまで言わしめた。現に、ルーデルはソ連軍から10万ルーブル(現在の日本円で5000万~

1億円）の懸賞金を懸けられている。

もちろん、ヒトラーもルーデルの功績を高く評価し、最終的には「黄金柏葉・剣・ダイヤモンド付騎士鉄十字勲章」を授けた。この長〜い名前の勲章を受章したのはルーデルただ一人であり、これは一説によると、あまりに活躍してしまうルーデルに与える勲章がなくなったため、急遽、新しくつくられたものだという。

ヒトラーの命令を断った総統すら恐れない軍人魂

「英雄のルーデルが万が一にも戦死した場合、軍の士気にも関わることから、ヒトラーは彼に陸上勤務を命じます。ところが、再三の要請をすべて断ったルーデルは、飛ぶことを許されなければ『勲章の受章と昇進を辞退する』と宣言したそうです。総統をも恐れぬその態度に、どんな大ケガを負っても飛び続けたルーデルらしさを感じることができますよね」（同前）

結果として、終戦まで空を飛び続けたルーデルは、ドイツの無条件降伏を知り、バイエルン州のアメリカ軍基地に愛機で着陸し、投降した。当初は拘留されていたが、これといった戦争犯罪には加担していなかったため、１９４６年4月に釈放。１９４８年には、アルゼンチン政府からの非公式招待を受け、南米へと渡った。

アルゼンチンでは航空機産業の顧問を務めるかたわら、南米の独裁者たちと親交を深め、帰国後は28歳年下の女性との結婚まで果たしている。

また、義足の右足をものともせず、テニスや水泳、スキー、登山などのスポーツを楽しみ、なかでも登山では、南米最高峰のアコンカグア（６９６２メートル）登頂にも成功した。

その一方で、空いた時間は回想録の執筆に費やし、『急降下爆撃』（１９４９年）など、数多くの著作を残しているというから驚きである。

人生を十二分に生き抜いたといえるルーデルは、１９８２年に脳内出血を起こして死亡した。享年66歳。

英雄・ルーデルの葬儀には、多くの退役軍人が参列したほか、追悼飛行として、ドイツ連邦空軍のF－4戦闘機が上空を舞った。さらに、葬儀では戦時中の国歌や軍歌が流れ、ナチス式の敬礼を行う者が現れるなど、のちに大きな問題となる。死してなお騒がれるとは、稀代の英雄らしいエピソードだ。
「ところが、ルーデルは死んでいないという都市伝説があるのです。たしかに、30回撃墜されても死ななかった男が、脳内出血などで死ぬはずはないと思われるのも、無理はないのかもしれません。しかも、ルーデルの墓は、正確な場所が現在まで明かされておらず、その理由も謎に包まれています。もしかすると、いまこの瞬間も、どこかの空を愛機で飛んでいたりして……」(同前)
ウソみたいな本当の伝説をつくったルーデルが、都市伝説の通りに生きていたとしても、不思議ではない。

ナチス・ドイツ最強の軍人ハンス＝ウルリッヒ・ルーデル。自身が乗った戦闘機を30回も撃墜され、右足を失ってもなお、義足を着けて戦闘機に乗り続けた。その活躍には、敵国の兵士からも惜しみない称賛が寄せられたという

都市伝説マスター　山口敏太郎インタビュー

オカルト界最高の〝予言者〟

ヒトラーが語った「2039年人類消失説」

取材・構成●西本頑司

ソ連軍が「封印」した「ヒトラー最後のメッセージ」

アドルフ・ヒトラーは、1999年以降失速したノストラダムスに代わり、いまやオカルト界最高の予言者として君臨している。

それが「2039年ヒトラーの予言」である。ヒトラーは、自分の生まれた1889年を基点に50年ごとに時代の変革期が来ると予言していた。

1939年は、言わずと知れた第2次世界大戦の勃発である。ヒトラーは自らのポーランド侵攻で英仏が宣戦布告するのを「わかっていた」。そして大戦を自ら「終わらせた」。つまり、ナチスの戦争自体が50年続く「戦後体制」のためにヒトラーが書いた「シナリオ」であったことになる。

事実、米ソ冷戦は第2次世界大戦開戦の50年後まで続いた。そしてヒトラー生誕100年の節目に当たる1989年、やはりポーランドが引き金になって冷戦は終了した。ポーランドの共産主義独裁政権が崩壊して以降、1989年11月9

山口敏太郎

やまぐち・びんたろう●作家・オカルト研究家。(株)山口敏太郎タートルカンパニー代表取締役。『超陰謀論』(青林堂)、『大迫力! 日本の妖怪大百科』(西東社)、『未確認生物 超謎図鑑』(永岡書店)など著書多数。読売テレビ『上沼・高田のクギズケ!』など、テレビ番組へのレギュラー出演も多数。

日にはベルリンの壁が壊され、そのままソ連が消滅。冷戦構造は崩壊した。日本でも1989年といえば昭和天皇が崩御して「平成」時代になっている。

生誕100年目にもヒトラーは数々の予言を的中させているたのだ。

有名な「ヒトラー最後のメッセージ」をご存知だろうか。ベルリン陥落直前の1945年3月30日から4月2日までの間、ヒトラーはベルリン市民に向けてラジオ演説を行ったといわれている。およそ46分間のうち、現在では6分程度しか残っていないという。その「消された」中身が凄いのだ。

「彼ら（米ソ）は世界の真の支配者ではない。彼らの背後で操るのは、ユダヤ、いやイスラエル、世界的なユダヤ国際資本だ。米ソは、おそらく1990年代頃まで対立と妥協を繰り返しつつ、世界を運営しようとするだろうが、いずれ世界は米ソの手に負えなくなる」

そして最後はアラブ諸国とイスラエルによる最終戦争が起こり、そこで逆鉤十字の我が軍団がユダヤを破り、真の帝国をつくるといった内容をしゃべったところでプツンと音声が切れる。

あまりにも衝撃的な内容ゆえ、ベルリンを占領したソ連軍が、この音声を確保した際、予言の部分を「封印」したのだという。この時、イスラエルはまだ建国されておらず、国名も決まっていなかった。また１９８９年前後は、冷戦崩壊の余波で中東がもっとも緊張していた。イスラエルの核保有が確実とされ、１９９1年の湾岸戦争でフセインが化学兵器でイスラエルを攻撃していれば、ヒトラーの予言は完全に「成就」していたかもしれない。

いずれにせよ、ヒトラー生誕から50年を節目に世界が大きく動いたのは間違いない。

格差、戦争、環境悪化……ヒトラーが言い当てた現代世界

いま、私たちが生きている１９８９年以降の世界について、ヒトラーはどんな予言を残しているのか。それについて語った言葉がある。

「それは『激化』ということだ。２つの極はますます進む。１９８９年以後、人間はごく少数の新しいタイプの支配者たちと非常に多数の新しいタイプの被支配

者とに分かれていく」

この言葉通り、いま、世界にはすさまじい格差が生まれている。世界上位８人の億万長者の資産４２６２億ドルは世界下位36億人分の資産に相当する。言うなれば99パーセントの富がわずか１パーセントの金持ちに偏っているのだ。これほどの激しい格差は人類史上、初めてだろう。

「（20世紀末は）たとえ表面上はデモクラシーや社会主義の世であろうとも、実質はナチズムが支配していよう。デモクラシーの国も社会主義の国も、我々ナチスの兵器を競って使い、殺し合う。そして人類は大自然から手ひどく復讐される。気候も２つに分かれ、大洪水と大旱魃《かんばつ》が代わる代わる地球を襲うだろう」

ナチスの開発した兵器の多くは、いまも主力兵器となっている。戦後、ナチスの兵器開発者たちはアメリカとソ連に連行され、米ソの兵器開発を担った。その意味でアメリカとロシアの兵器は「ナチスの遺伝子」を持つ。気候変動や環境悪化は、いまさら、説明するまでもない。実に正確に現在の状況を予言しているのだ。

さらに格差と戦争、環境悪化によって「超人」が登場するとヒトラーは予見する。

「『超人（ユーバーメンシュ）』だよ。人類は超人たちを生み、超人が危機を治める。つまり天変地異の下で生きる多数者。それを支配する少数者。その陰で実質的に世界を操る超人グループ。これが、私の予知する21世紀の世界である」

この超人はＡＩ（人工知能）とも考えられるし、あるいは高性能のＡＩと生体でリンクするような改造人間かもしれない。どちらにせよ、非常にリアリティがあり、いまの「世界」そのものという気がしてくる。

では、ヒトラー生誕から１５０年後、２０３９年にはなにが起こるのか。ヒトラーは具体的な日付を指定している。

――２０３９年1月25日である。

その時、人類は「地球にいない」とヒトラーは予言する。この日、人類は「進化」と「退化」を突きつけられるというのだ。退化を選んだ大半の人類は悪化した環境で滅ぶ。だから「いない」。そして進化を選んだ「超人」たちは「『神人（ゴットメンシュ）』と言うべき人類の最終進化を成し遂げる。神にも等しい能力を持った神人は、なにも地球での生活にこだわる必要がなくなる。だから彼らも「いない」というのだ。

考えてみれば、現代史の「闇」となっているジョン・F・ケネディ大統領暗殺の真相、機密文書を公開するのも「2039年」。この奇妙な一致は果たして偶然なのだろうか。

三島由紀夫から五島勉に受け継がれた「予言」の資料

このヒトラーの予言を世に送り出したのは、五島勉。250万部の大ベストセラーにして社会現象まで巻き起こした『ノストラダムスの大予言』の著者として知られる人物だ。この事実を踏まえ、五島がノストラダムスの予言の1999年、なにも起こらなかった場合の保険としてヒトラーの2039年の予言をでっち上げたのではと疑う向きもある。実際、『1999年以後 ヒトラーだけに見えた恐怖の未来図』（祥伝社）は、あまり話題にならず、五島にすれば失敗作だった。だからこそ逆に、いまになって注目されるようになっているのだ。

この本の出版は1988年でベルリンの壁崩壊の前。この時期に出版されたにしては、本書の予想はあまりにも「当たり」すぎている。五島自身の想像による文章とは思えず、なんらかの「元ネタ」「資料」があったのでは、と考えられるのだ。

実は五島にヒトラーの予言の存在を教えたのは、あの三島由紀夫なのだ。三島はこの本に登場しており、若かりし五島に「彼の本当の恐ろしさは別のところにある。それは彼が、ある途方もない秘密を知っていたってことだ。人類が結局どうなるかっていう秘密だ。彼は未来を見通す目を持っていた」と、ヒトラーの予言の存在をほのめかし、「ヤツの見通していた世界の未来を掘り下げろ」とアドバイスしているのだ。

1970年、割腹自殺した三島由紀夫は、晩年、「盾の会」を結成するなど右傾化する。その時期に三島は戯曲『わが友ヒットラー』（1968年12月）を発表、公演を行う。この時、五島は女性週刊誌の記者をしていた。三島にヒトラー絡みでインタビューをしていたとして不思議はない。また、三島由紀夫は完璧主義者としても知られる。ヒトラーの戯曲を書く以上、徹底して資料に当たったはずだ。ヒトラー研究の第一人者といえば、2004年公開の映画『ヒトラー 最期の12日間』の原作者であるヨアヒム・フェスト。版元の岩波書店を通じて三島とヨアヒムがやり取りした可能性は高いだろう。もし、ヨアヒムが「ヒトラーの予言」の資料を持っていたとして自著で紹介することはない。ヒトラー礼賛に繋がり、社会的に抹殺されるからだ。しかし戯曲用にヒトラーの人物像を掘り下げるネタとしてならば三島に伝えたとしても、さほど違和感はない。

こうして予言者ヒトラーの存在は三島から五島へと伝播《でんぱ》した。1980年代の五島は、オカルト界の第一人者となっていた。なにより、億単位の「ノストラダムスマネー」を持っている。オカルトのネットワークを通じて、ヨアヒム・フェストや、その周囲の関係者から「予言者ヒトラー」の資料を入手したというストーリーが成り立つのだ。少なくともオカルトファンやヒトラーマニアたちは、そう信じている。

山口敏太郎は、ここで「予言」する。

ロシアによるウクライナ侵攻やイスラエル・ハマス戦争によって、終末戦争勃発の可能性が顕在化した全世界で、「アドルフ・ヒトラーの大予言　2039年地球人類消失」は、大ブームを巻き起こすだろう、と。

終わりに

もし、第2次世界大戦時代の軍人になれるなら？

そんな妄想をした時、意外に少なくない人が「ナチス」を選ぶ気がしている。最後は悲惨な結末が待っているにもかかわらず、だ。

まず軍服。ゲッペルスは徹底的に軍服にこだわり、もっとも男性が格好よく見えるようデザインさせた。戦後、世界各国の軍隊の軍服が一斉に格好悪くなったのはナチスを否定した結果、ナチス的なデザインが使えなくなったためなのだ。

所作やフレーズも洗練されている。「パンツァー・フォー！（戦車発進せよ）」「ファイエル！（撃て）」、空軍を「空の兵器」で「ルフトバッフェ」と称するのも悪くない。思わず、ナチスの軍服に身を包んでローマ式敬礼で「ハイル、ヒトラー！」と叫んでみたくなる。戦車「ティーガー（タイガー）」に乗り込み、T-34やM1を巨砲でぶち抜いて「装甲が紙だな」とあざ笑い、ジェットエンジン搭載のメッサーシュミットMe262で敵機を叩き落として「止まって見えるぜ」と呟きたくなるのだ――。

本書の制作を通じて感じたのは、このナチスの持つ悪魔的な魅力だった。ヨーロッパ諸国、とくにドイツではナチスを肯定するような言動を許さない理由もここにある。正義の味方以上に魅力的な「悪」がナチスなのである。「人類の敵」となっても仲間になりたくなるのだ。

人は誰しもムチャクチャに壊したい、すべてをぶち壊したいという破壊衝動を持っている。ナチスは、その間違った行為を可能なかぎりスタイリッシュに見せ、衝動を解放するよう誘導してくる。そんなナチスの破滅の美学に人は惹かれた。

人類は、たとえみっともなくとも最後まであがき、生き抜くことで文明を発展させてきた。滅びを肯定するナチスは、どんなに格好よくとも人類文明の「敵」なのである。その「敵」に勝つには、敵を知る必要がある。その手助けに本書がなったならば幸いである。

「ヒトラーとナチスの真相」を究明する会

■参考文献

●書籍

『アドルフ・ヒトラー』(ジョン・トーランド／集英社)
『恐ろしい医師たち ― ナチ時代の医師の犯罪』(ティル・バスチアン／かもがわ出版)
『エリーザベト・ニーチェ―ニーチェをナチに売り渡した女』(ベン・マッキンタイアー／白水社)
『艦長たちの軍艦史』(外山操／光人社)
『艦長たちの太平洋戦争続篇』(佐藤和正／光人社)
『健康帝国ナチス』(ロバート・N. プロクター／草思社)
『原爆奇譚』(高橋五郎 ／学研パブリッシング)
『世界戦争犯罪事典』(秦郁彦、佐瀬昌盛、常石敬一監修／文藝春秋)
『1999年以後―ヒトラーだけに見えた恐怖の未来図』(五島勉／祥伝社)
『【大図解】ドイツ軍兵器&戦闘マニュアル』(坂本明／グリーンアロー出版社)
『タブーに挑む! テレビで話せなかった激ヤバ情報暴露します3』(飛鳥昭雄、山口敏太郎、中沢健／文芸社)
『ドイツ兵器名鑑 陸上編』(田中義夫編／コーエー)
『ナチ・コネクション―アメリカの優生学とナチ優生思想』(シュテファン・キュール／明石書店)
『ナチスドイツと障害者「安楽死」計画』(ヒュー・G.ギャラファー／現代書館)
『ナチスの財宝』(篠田航一／講談社)
『人間の価値―1918年から1945年までのドイツの医学』(クリスチアン・プロス、ゲッツ・アリ編／風行社)
『闇の権力対談 中丸薫×ベンジャミン・フルフォード―世界支配を目論む秘密結社と悪魔』(中丸薫、ベンジャミン・フルフォード／学研パブリッシング)
『優生学と人間社会』(米本昌平、松原洋子、橳島次郎、市野川容孝／講談社)

●ウェブ

『ヘブライの館2』

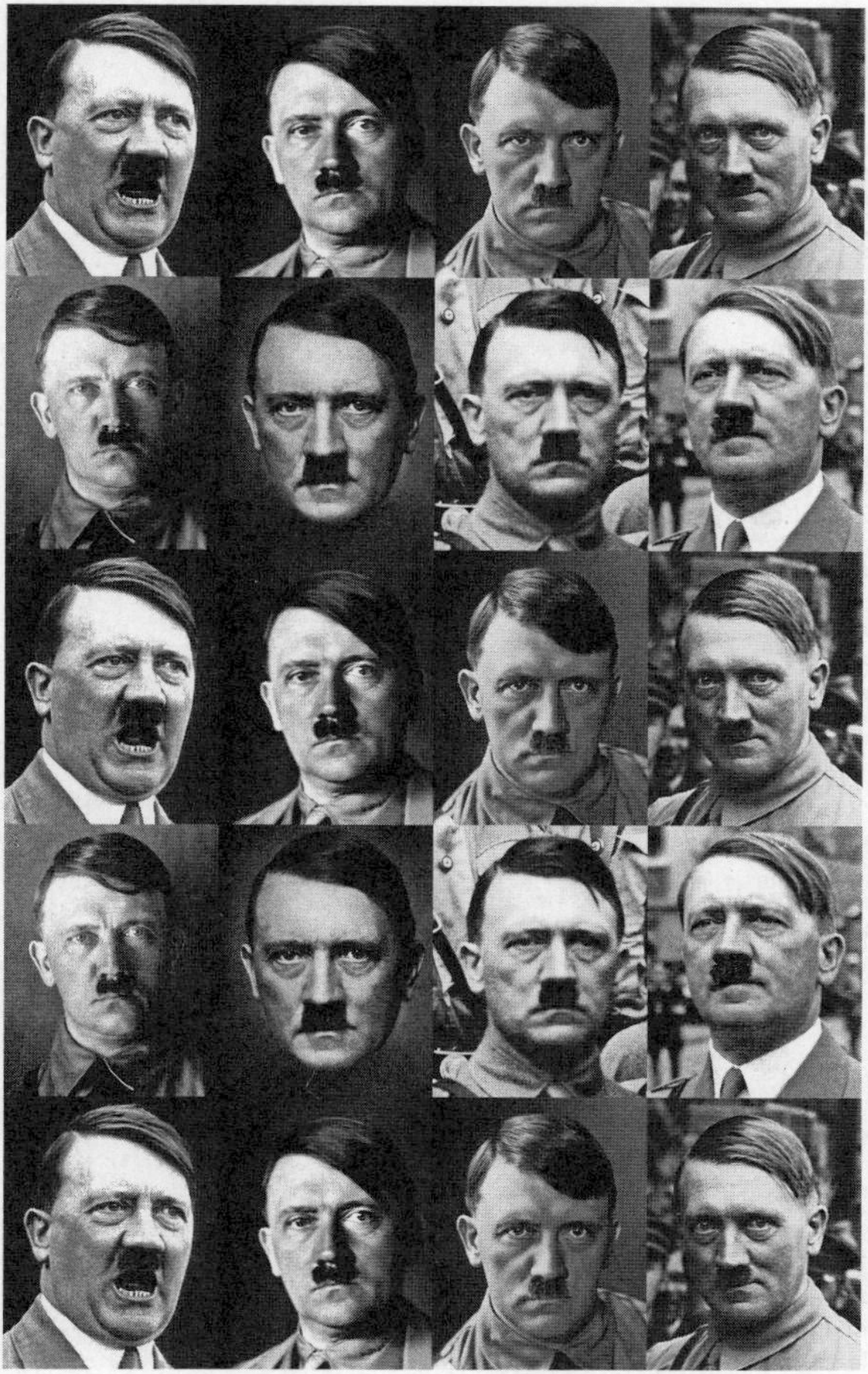

本書は2017年8月に小社より刊行した『ヒトラーの
陰謀伝説』を改訂・改題し、文庫化したものです。

ヒトラー狂気伝説

（ひとらーきょうきでんせつ）

2024年3月20日　第1刷発行

著　者　「ヒトラーとナチスの真相」を究明する会

発行人　関川 誠
発行所　株式会社 宝島社
〒102-8388　東京都千代田区一番町25番地
電話：営業 03(3234)4621／編集 03(3239)0927
https://tkj.jp
印刷・製本　株式会社広済堂ネクスト

Printed in Japan
First published 2017 by Takarajimasha, Inc.
ISBN 978-4-299-05344-2